나는
기독교대안학교
교사다

기독교학교교육연구신서 ⑱

나는
기독교대안학교
교사다

기독교학교교육연구소 기획

함영주·김종훈·이은실·김성천 지음

기독교대안학교 교사, 그들에 관한 진짜 이야기
27개교 331명의 교사 설문, 25명의 교사 및 전문가 면담 결과 수록

쉼이있는교육

교육에 있어서 교사가 중요함을 모르는 사람은 없을 것이다. 그러나 특히 기독교대안학교야말로 교사가 중요하다. 기독교대안학교의 정체성은 그 학교의 시설이나 재정 규모에 달려있는 것이 아니다. 교육과정도 중요하지만 아무리 좋은 기독교교육과정이 마련되어 있다고 기독교대안학교의 정체성이 담보되는 것이 아니다. 기독교대안교육을 담당하는 교사가 누구냐가 바로 그 학교의 정체성이다. 기독교대안학교를 다니는 학생들에게 가장 영향을 주는 존재가 바로 교사이고, 먼 훗날 학창시절을 떠올릴 때 잊을 수 없는 기억으로 남게 되는 사람도 바로 교사이다. 기독교대안학교에서 이루어지는 모든 가르침은 교사의 삶과 영성, 그리고 인격을 통해 학생들에게 전해지며, 학생들은 교재를 배우는 것이 아니라 교사를 배우게 된다.

그런데 오늘날 우리나라의 기독교대안학교 교사들은 과연 어떤 존재인가? 기독교대안학교 교사는 이래야 한다는 당위적인 연구는 많이 있었지만 기독교대안학교의 실상을 드러내며 그 현실로부터 해결책을 찾아가는 글들을 찾기가 어렵다. 이 책은 기독교대안학교 교사의 현실 속으로 들어가서 그들의 실제적인 삶과 교육의 모습들을 그대로 드러내며, 진솔하게 문제를 해결할 수 있는 대안을 찾는 글들로 구성되어 있다. 1장에서 기독교대안학교 교사들이 어떤 현실에 놓여 있는지를 살피고, 2장에서 기독교대안학교에서 교사들이 형성하고 있는 공동체가 어떤 의미를 지니는지를 이해하고, 3장에서 기독교대안학교의 교사 전문성에 대해 논의하고, 4장에서는 기독교대안학교 교사 양성 및 교육에 대해서 분석하고 바람직한 대안을 제시하고 있다.

우리나라에서 기독교대안학교 운동이 시작된 지 30년이 되어간다. 이제는 개척기에 요구되었던 기독교대안학교 교사의 열정과 헌신을 넘어서 영성, 인성, 전문성, 교육역량이 함께 어우러지는 교사상이 요청되며, 이러한 교사를 양성하고 계속해서 교육할 수 있는 체계적인 교사교육과정과 교사가 지속적으로 사명을 감당할 수 있도록 돕는 교사복지 지원체제가 마련되어야 한다. 이 책의 출판을 계기로 우리나라 기독교대안학교 교사에 대한 실제적이고도 종합적인 대책이 수립될 수 있기를 기대한다. 이 책을 집필하신 함영주, 김종훈, 이은실, 김성천 교수님과 책을 출간하기 위해 수고하신 원지은 박사를 비롯한 연구소 가족들에게 깊은 감사를 드린다.

005

2020년 11월

기독교학교교육연구소 소장 **박상진**

서문

목회를 하는 동안 꼭 한번 학교를 세워보고 싶었다. 그 꿈을 설교를 통해 교인들과 나누다가, 2005년 학교설립준비위원회를 만들어 본격적으로 고민하기 시작했고, 하나님께서 그 소원을 이루어 주셔서 2014년에는 천안에 기독교대안학교를 세울 수 있었다. 학교를 하면서 느낀 것은 교사가 정말 중요하다는 것이다. 학교가 꿈꾸는 교육을 실제로 학생들과 만나서 구현하는 이들은 교사들이다. 아무리 멋진 교육철학을 가진 학교라도, 그것을 구현할 수 있는 교사가 없다면, 그 철학은 무용지물에 불과하다. 그러므로 교사가 곧 기독교 교육과정이며, 기독교학교 그 자체다. 이 분들은 너무나도 소중한 분들이다. 특히 정부의 재정 지원 없이 이루어지는 기독교대안학교에서 섬기시는 교사들은 정말 쉽지 않은 헌신으로 자신의 삶을 하나님 나라 교육 운동에 드리는 분들이다.

'어떻게 하면 기독교대안학교에 좋은 교사들을 모셔올 수 있을까? 어떻게 하면 그 분들이 신이 나서 일할 수 있게 도울 수 있을까?'가 이사장으로서 섬기는 동안 제일 큰 숙제고, 고민이었다. 창립 과정부터 함께 했고, 이사장으로도 섬긴 적 있는 기독교학교교육연구소가 귀한 연구를 해 주었다. '기독교대안학교 교사들'의 삶을 연구하여, 그들이 처한 현실을 드러내고, 구체적으로 그들을 도울 방향들을 제시해 주었다.

기독교대안학교를 설립, 운영하려는 분들이라면, 이 책을 꼭 읽어볼 필요가 있다. 기독교대안학교 교사들을 잘 세우고 돕는 일이 한국교회와 한국 기독교 학교 운동을 위해 제일 중요한 일이기 때문이다.

김동호(前 높은뜻숭의교회 담임목사, 前 높은뜻씨앗스쿨 이사장, 前 기독교학교교육연구소 이사장)

이 책에는 기독교대안학교 교사들의 삶에 대한 이야기들이 이곳저곳에 숨어 있다. 내용을 접하면서 교장인 나의 삶을 반추하게 되고 그들의 이야기에 공감과 아픔을 느끼고 또 다른 다짐을 하게 된다. 교장으로서 내가 있는 학교에서 교사들의 현실, 공동체, 교사 교육과 전문성이라는 큰 주제를 어떻게 현실화할 것인가? 교사들이 누려야 할 기쁨과 몫이 제대로 베풀어지는 샬롬을 어떻게 이룰까? 고민과 과제를 떠안게 된다. 이 글을 접한 독자들과도 고민과 과제를 함께 하고 싶은 마음이 생기면서 부탁을 드린다. 우리는 이 책에서 표와 숫자로 기독교대안학교 교사를 만나기도 하고, 짧은 대화를 통해 그들의 마음을 만나게 될 것이다. 부디! 표와 숫자, 짧은 대화들의 행간에 숨어있는 기독교대안학교 교사의 수고와 헌신과 애씀을 진심을 다해 읽어주기를 부탁드리며, 혹여나 교사들을 만나게 된다면 그들의 노력을 격려해 주시기를 부탁드린다.

한신영(샘물학교 교장)

이 책은 기독교대안학교의 현실을 가감 없이 드러내 보여준다. 기독교대안학교 교사로서 속이 시원해지는 책이다. 백조가 물 밑에서 열심히 발을 움직이는 것처럼 기독교교육을 실현하기 위해 고군분투하는 교사들의 입장을 대변해준다. 기독교대안학교라는 거대한 담론이 아닌 현장 교사들의 이야기를 담고자 한 것이 느껴진다. 이 안에는 교사들의 사명과 열정이 담겨있고, 어려움과 아픔도 들어있다. 비록 문자에 불과하지만 진짜 공동체를 꿈꾸며 그 안에서 현실적인 어려움들과 맞서 성장하고자 노력하는 교사들을 직접 만나고 돌아오는 기분이다. 이 책에서 말하고 있는 어려움들과 도전들이, 몇 년 후에는 교사들의 성장과 기독교대안학교들의 새로운 차원을 논의하는 장으로 새롭게 펼쳐지길 소망한다.

김은혜(이야기학교 교사)

'기독교대안학교 성장에 마중물이 될 연구신서'

현 기독교대안학교들의 가치와 철학은 비슷하나 학교의 유형과 학교가 추구하는 방향성은 다양하다. 이 연구신서는 다양한 기독교대안학교에 근무하고 있는 교사들의 현실, 공동체성, 전문성, 양성 및 재교육 시스템을 심도 있는 설문과 현, 전직 교사와의 대화 및 기독교대안교육의 분석을 통해 심층적으로 풀어냈다.

소명을 품고 기독교대안학교에 근무하기 시작한 교사들이 각 학교에서 성장하길 원하고, 교사들의 자발적인 교과연구로 배움의 성장을 바란다면, 각 학교의 리더들은 이 책을 기반으로 토론회를 거쳐 교사공동체의 목소리를 들어보길 추천한다. 분명 이 연구신서가 마중물이 되어 각 기독교대안학교성장에 큰 원동력을 줄 것이기 때문이다.

이인성(광성드림학교 중고등과정/교감)

009

추천의 글

아이를 초등학교에 보내는 시점이 되자, 세상 속 하루하루를 살아내는 우리에게, 우리 아이들에게 무엇이 필요한지 고민하게 되었다. 세상의 지식이 아무리 차고 넘치더라도, 삶 속에서 많은 상황에 직면할 때 진정 필요한 것은 단단한 믿음이라는 확신이 들었다. 미션스쿨도 있었지만 대안학교를 선택했던 이유는 아이에게 학업이 목표가 아닌, 아이의 눈을 바라봐주는 선생님을 만나게 해주고 싶었기 때문이다. 그저 지식을 전달해주는 선생님이 아닌, 사랑으로 진심을 다해 아이와 만나주는 선생님을 만나게 해주고 싶었다. 이 두 가지 이유로 기독교대안학교를 선택하였다.

이 책에는 몇 년간 기독교대안학교에 아이를 보내며, 내가 생각했던 내용들이 담겨 있었다. 우리나라 기독교대안학교의 필요성과 선생님들이 당면한 현실을 바라볼 수 있었고, 나라의 지원 밖에서, 또 열악한 환경 속에서도 믿음과 아이들에 대한 사랑으로 대안학교를 지원하여 아이들 곁을 지키시는 선생님들을 만날 수 있었다. 이렇게 많은 분들의 수고로 만들어진 이 책을 통해, 우리 선생님들이 당면한 현실적 어려움이 해결되어 더 많은 기독교대안학교와 선생님들이 세워지기를 소망한다.

노선주(밀알두레학교 학부모)

기독교학교교육연구소 제14회 학술대회의 결과물인 이 책은, 지난 20여 년 간 활발했던 기독교학교교육운동이 다소 주춤해지는 시기에 시의적절하고 꼭 필요한 연구라고 할 수 있다. 먼저 27개교 331명의 교사들을 대상으로 한 설문조사와 교사 및 전문가들의 면담 자료를 근거로 한 연구이기에 기독교대안학교 현장의 목소리를 담고 있고, 또한 기독교대안학교에 있어서 가장 중요한 교육적 요인임에도 그간 관련연구에서 큰 비중을 차지하지 못했던 기독교사의 실제적인 고민을 분석하고 있기 때문이다.

이 책은 구체적인 데이터 분석을 통해 현장에서 고군분투하는 기독교사와 기독교대안학교 공동체의 현실, 기독교대안학교 교사로서 독특한 전문성에 대한 인식, 그리고 그 전문성을 확보하기 위한 교원양성체계 및 재교육시스템의 필요성을 설득력 있게 제시하고 있다. 그렇기에 기독교대안학교 교사의 현실에 대한 시사성 있는 연구일 뿐 아니라, 기독교대안학교의 미래를 위해 발전적인 제안을 위한 앞으로의 연구에 초석이 되는 자료가 될 것이라 기대한다.

장유정(백석대학교 기독교대학실천원 교수)

012

1장. 기독교대안학교 교사, 그들은 어떤 현실에 놓여 있는가?

016

제1장

현실

함영주 교수

_ 총신대학교 신학과(B.A.)
_ 총신대학교 신학대학원(M.Div)
_ 총신대학교 일반대학원(Th.M.)
_ Biola University(Ph.D.)
_ 현, 총신대학교 기독교교육과 교수

제1장

기독교대안학교 교사,
그들은 어떤 현실에
놓여 있는가?

Ⅰ. 들어가며

기독교대안학교 운동이 전개된 지 20여 년이 훌쩍
넘은 현재, 기독교대안학교의 양적인 성장은 이미 상당한 수준에 이르렀다.
2017 기독교학교교육연구소의 기독교대안학교 실태조사 연구결과에 따르면,
2016년을 기준으로 기독교대안학교의 숫자는 265개로 집계되었는데 이는 5
년 전인 2011년 기준 121개, 10년 전인 2006년 기준 59개보다 상당히 늘어난
숫자임을 알 수 있다. 물론 비록 해당기간 동안 폐교된 학교도 존재하고 있으나
여전히 기독교대안학교는 양적으로 괄목할만한 성과를 내고 있는 것이 사실이
다. 기독교대안학교는 현실적으로 공교육에서 기독교교육을 실천하기 어려운
상황 속에서 기독교세계관 교육, 기독교적 인성교육, 기독교적 수월성 교육을

목표로 당시의 사회 분위기상 혁신적인 의도로 세워졌다. 그리고 지난 20여 년 동안 다양한 교육적 성과를 내기도 하였다. 이러한 성과의 이면에 기독교대안학교의 구성원들의 헌신적인 노력과 눈물이 밑거름이 되었음은 부인할 수 없는 사실이다.

그동안 기독교대안학교의 교육적 성과와 관련하여 내부구성원들에 대한 연구는 다양한 방식으로 이루어졌다. 강영택(2010)의 연구, 이은실과 강영택 (2011)의 연구는 기독교대안학교 학생 및 졸업생을 대상으로 교육적 성과에 대하여 분석하는 연구였다. 박상진과 조인진(2011)은 학교경영, 교육과정, 교육결과 등의 영역에서 이루어 놓은 교육적 성과를 살펴보기 위하여 교장, 학부모, 학생 등을 대상으로 설문조사하여 분석하였다. 이러한 연구들은 대체적으로 기독교대안학교가 이루어 놓은 긍정적 측면에서 분석이 이루어졌다는 특징이 있다. 반면 함영주(2015b)의 연구는 기독교대안학교 구성원 중에 졸업생을 대상으로 한 질적 연구였는데, 이 연구는 앞선 연구들과 달리 기독교대안학교가 가진 딜레마에 대하여 연구하여 내적인 문제점 등을 제기하고 해결책을 제시하는 연구였다. 또한 기독학부모에 대한 연구도 있어왔는데, 2018년 기독교학교교육연구소는 기독학부모들의 교육에 대한 의식을 조사하면서 기독교대안학교에 자녀를 보낸 학부모들의 교육의식에 대하여 조사 연구하였다. 이와 같이 그동안 진행되어 왔던 기독교대안학교 구성원들에 대한 연구는 대부분 설립자, 교장, 재학생, 졸업생, 학부모 등에 대한 연구가 주로 이루어져 왔음을 알 수 있다.

그러나 기독교대안학교의 현 실태와 내부구성원들의 교육의식을 분석하는데 있어서 반드시 고려해야 할 대상이 하나 있는데 그것이 바로 교사이다. 앞서 언급한대로 그동안의 연구에서는 학생 및 학교 자체의 교육적 성과가 중심이었고 더불어 기독교대안학교가 가진 행정 및 조직적 영역의 분석에 초점 맞추어져 왔다. 교육의 요소 중에 '교사' 요인은 상대적으로 그 연구의 내용이 미진한 것이 사실이다. 물론 기독교대안학교의 교육체계를 바라보는 기독교대안학교 교사들의 인식에 대하여 연구한 함영주(2015a)의 연구가 있기는 하나, 이 연구는 기독교대안학교 교사의 개인적 현실에 대한 연구라기보다는 기독교대안학교 교육 시스템과 관련한 교사의 인식에 한정된 연구였다. 이 연구를 제외하면 사실상 기독교대안학교 교사에 대한 연구가 그리 많지 않다. 그러나 기독교대안학교 교사에 대한 심층적인 연구는 기독교대안학교의 지속적 운영과 발전적인 성숙을 위해서 반드시 짚고 넘어가야 할 부분이라 하겠다. 특히 기독교대안학교의 교사들이 갖고 있는 개별적 요인과 다양한 '딜레마' 상황에 대한 연구는 향후 기독교대안학교의 발전을 위한 기초자료를 제공한다는 측면에서 매우 중요한 연구 과제라 하겠다.

교사는 교육에 있어서 변화를 만들어 내는 중요한 요인임에 틀림없다. 특히 기독교교육에서 교사는 학습자들의 신앙성장을 돕는 결정적 요인이 될 수 있다. 고등학교 남학생들을 대상으로 연구했던 함영주(2013)의 연구에 따르면 기독청소년의 영적 성장에 결정적인 영향을 미치는 요인으로 부모요인, 친구요인, 그리고 교사요인이 있는데 이 중에 교사요인이 청소년의 영적 성장과 가장 강한 강도의 상관성을 보였다. 특히 신앙을 책임지는 교사의 인간적 지지, 사회적 관계 등이 학습자의 영적인 성장에 결정적인 영향을 미쳤는데 이러한 연구

보고는 교사의 역할이 얼마나 중요한지를 보여주는 결과라 하겠다. 그래서 한 춘기(2014, 115-126)는 기독교교육을 책임지는 교사의 자질을 '중생한 자, 성경지식을 소유한 자, 지적, 영적, 실천적으로 준비된 자'이어야 한다고 언급하였다. 강용원 (2010, 278-280)도 신앙교육을 책임지는 교사는 "소명과 열정"을 갖추어야 한다고 보았다. 이는 학습자에게 신앙교육을 시키는 교사가 얼마나 중요한지를 보여주는 진술이라 하겠다. 물론 기독교사에 대한 위의 연구들은 기독교대안학교 교사들에 대한 연구가 아닌 교회학교 교사들에 대한 연구이기는 하나 기독교사의 본질이 똑같다고 전제한다면 기독교대안학교 교사의 영향력도 교회학교 교사의 그것과 비교하여 결코 약하지 않다 하겠다.

이에 본 연구는 기독교대안학교 교사의 현실을 살펴보고 이를 근거로 보다 건강한 기독교대안학교의 성장을 위한 기독교교육적 제언을 하고자 한다. 이러한 연구의 목적을 달성하기 위하여 기독교대안학교 교사들을 대상으로 한 실태조사 설문을 분석하고 그 분석 결과에 기초하여 교육적 제언을 하고자 한다.

II. 연구방법

1. 연구대상

기독교대안학교 교사의 현실을 분석하기 위하여 본 연구에 참여한 기독교대안학교 교사는 총 331명이며 이 중 남자 100명, 여자 231명이 참여하였다. 나이는 30대가 153명, 40대가 101명으로 가장 많았다. 본 연구에 참여한 기독교대안학교 교사들이 재직하는 학교는 거의 대부분(273명)이 미인가 대안학교 교사들이었으며 근무형태는 전일제 교사가 95.8%를 차지하였다. 교사들의 60% 이상은 공교육 경력이 없는 교사들이었고 68.9%가 교원자격증을 소유하고 있었다. 연구대상에 대한 세부적 사항은 다음과 같다.

[그림1] 연구대상 성별

남자
30.2%
100명

여자
69.8%
231명

*유효합계 : 331

[그림2] 연구대상 나이

무응답	20대	30대	40대	50대	60대 이상
0.3%	**14.5%**	**46.4%**	**30.6%**	**6.7%**	**1.5%**
1명	48명	153명	101명	22명	5명

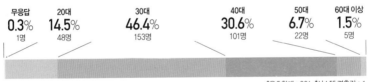

*유효합계 : 331 *시스템 결측값 : 1

[그림3] 학교 유형

무응답	특성화학교	인가대안학교	미인가대안학교	기타
1.8%	**0.3%**	**14.8%**	**82.5%**	**0.6%**
6명	1명	49명	273명	2명

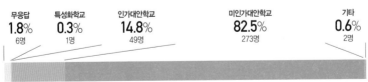

*유효합계 : 329 *시스템 결측값 : 2

[그림4] 학교 규모

50명미만
15.2%
50명

51-100명
11.9%
39명

101-150명
22.2%
73명

151명이상
50.8%
167명

*유효합계 : 329 *시스템 결측값 : 2

[그림5] 학교 위치

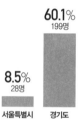

60.1%
199명

8.5%
28명

3.3%
11명

0.3%
1명

3.0%
10명

2.1%
7명

16.9%
56명

3.0%
10명

2.7%
9명

서울특별시 경기도 인천광역시 광주광역시 부산광역시 강원도 충청도 전라도 경상도

*유효합계 : 330

[그림6] 근무형태

무응답
0.6%
2명

풀타임
95.8%
317명

파트타임
3.6%
12명

*유효합계 : 331

[그림7] 전공 일치도

무응답
1.2%
4명

일치
77.6%
257명

비일치
21.1%
70명

*유효합계 : 331

[그림8] 공교육 교사경력

없음	1~5년	6~10년	11~15년	16~20년	21~25년	26년이상
61.6%	**26.3**%	**8.1**%	**2.5**%	**0.3**%	**0.3**%	**0.9**%
197명	84명	26명	8명	1명	1명	3명

*유효합계 : 320 *시스템 결측값 : 11

[그림9] 대안교육 교사경력

1년	2~5년	6~10년	11~15년	16~20년
15.9%	**39.3**%	**34.6**%	**7.5**%	**2.8**%
51명	126명	111명	24명	9명

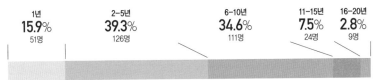

*유효합계 : 321 *시스템 결측값 : 10

[그림10] 총 교사경력

1년	2~5년	6~10년	11~15년	16~20년	21~25년	26년이상
10.5%	**30.9**%	**35.8**%	**13.6**%	**5.9**%	**2.5**%	**0.9**%
34명	100명	116명	44명	19명	8명	3명

*유효합계 : 324 *시스템 결측값 : 7

[그림11] 교원자격증 소지 여부

무응답
0.9%
3명

있다
68.9%
228명

없다
30.2%
100명

*유효합계 : 331

제1장 현실

[그림12] 담임교사 여부

무응답
1.8%
4명

담임
69.4%
229명

비담임
28.5%
94명

기타
0.3%
1명

*유효합계 : 331 *시스템 결측값 : 1

[그림13] 신앙경력

5년미만
1.8%
6명

6-10년
6.7%
22명

11-20년
13.9%
46명

21-30년
33.0%
109명

31년이상
44.5%
147명

*유효합계 : 331 *시스템 결측값 : 1

[그림14] 신앙생활

무응답
2.4%
8명

그리스도를
알아가고 있다
2.4%
8명

그리스도 안에서
성장하고 있다
13.9%
46명

그리스도와
친밀하다
33.0%
109명

그리스도 중심
의 삶을 산다
44.5%
147명

*유효합계 : 331

[그림15] 교회가 설립한 학교의 경우 해당 교회 출석 여부

무응답
0.9%
3명

학교 설립
교회에 의무 참석
26.0%
86명

교회
출석은 자유
61.9%
205명

해당사항
없음
11.2%
37명

*유효합계 : 331

2. 연구설문지

본 연구는 기독교대안학교 교사들의 삶의 실태에 대한 설문조사이다. 본 연구의 목적을 달성하기 위해서 연구설문지를 제작하였다. 설문지는 총 5개의 영역으로 구성되었다. 세부적으로 의미/소명 부문 10문항, 급여/노동 부문 15문항, 관계 부문 12문항, 전문성/성장 부문 22문항, 스트레스/소진 부문 19문항으로 구성되었다. 의미/소명 관련 설문은 주로 기독교대안학교 교사가 된 동기 및 만족도와 관련된 항목으로 구성되었다. 급여/노동 관련 설문은 현재의 급여, 노동시간, 교직안정성과 관련된 항목으로 구성되었다. 관계와 관련된 설문은 학교설립자 및 교장, 학부모, 동료교사, 학생들과의 관계에 대한 항목으로 구성되었다. 전문성/성장 관련 항목은 교사의 현재 관심사, 전문성 계발 노력, 전문성 지원시스템 등에 관한 항목으로 구성되었다. 스트레스/소진 설문은 스트레스 요인, 스트레스 해결방법, 이직 의도 등과 관련된 항목으로 구성되었다. 연구설문지의 질문 문항에 대한 세부 사항은 부록에 첨부하였다.

<표1> 교회가 설립한 학교의 경우 해당 교회 출석 여부

영역	부문	문항
Part1	의미/소명	10
Part2	급여/노동	15
Part3	관계	12
Part4	전문성/성장	22
Part5	스트레스/소진	19

3. 연구분석

본 연구는 주로 기술통계 분석방법으로 분석되었다. 설문문항에 대한 빈도와 비율 분석, 그리고 평균점수와 표준편차를 중심으로 분석 기술되었다.

III. 연구결과

1. 의미/소명 부문

[그림16] 기독교대안학교 교사로 지원하게 된 이유(복수응답)

〈표2〉 기독교대안학교 교사로서의 소명 및 만족도

문항	평균	표준편차
나는 내가 현재 하고 있는 분야의 일에 부름을 받았다고 믿는다.	4.48	.66
나의 일은 내 삶의 목적을 실현하도록 도와준다.	4.32	.78
기독교대안학교 교사로서 나는 내가 하는 일에 대하여 자부심이 있다.	4.35	.79
나는 나의 일에 보람을 느낀다.	4.31	.77
나는 현재 내가 하고 있는 일에 흥미를 느낀다	4.19	.85
다른 사람들이 나의 일을 중요하게 여긴다	3.87	.88
현재 내가 하고 있는 일은 나의 적성에 맞는다.	4.08	.86
나는 나의 일이 만족스럽다.	4.00	.87
나는 나의 삶이 만족스럽다.	3.89	.90
전체	4.16	.65

*5점 만점

2. 급여/노동 부문

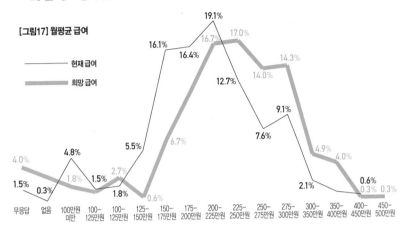

[그림17] 월평균 급여

— 현재 급여
— 희망 급여

무응답 / 없음 / 100만원 미만 / 100-125만원 / 100-125만원 / 125-150만원 / 150-175만원 / 175-200만원 / 200-225만원 / 225-250만원 / 250-275만원 / 275-300만원 / 300-350만원 / 350-400만원 / 400-450만원 / 450-500만원

〈표3〉 현재 월평균 급여

문항	빈도	유효 퍼센트
무응답	5	1.5
없음	1	0.3
100만원 미만	16	4.8
100-125만원	5	1.5
125-150만원	6	1.8
150-175만원	18	5.5
175-200만원	53	16.1
200-225만원	54	16.4
225-250만원	63	19.1
250-275만원	42	12.7
275-300만원	25	7.6
300-350만원	30	9.1
350-400만원	7	2.1
400-450만원	3	0.9
450-500만원	2	0.6
합계	330	100.0

*유효합계 : 330 *시스템 결측값 : 1

〈표4〉 학교 상황을 고려한 희망 급여

문항	빈도	유효 퍼센트
무응답	13	4.0
100만원 미만	16	1.8
100-125만원	5	1.2
125-150만원	6	2.7
150-175만원	18	0.6
175-200만원	53	6.7
200-225만원	54	11.6
225-250만원	63	16.7
250-275만원	42	17.0
275-300만원	25	14.0
300-350만원	30	14.3
350-400만원	7	4.9
400-450만원	3	4.0
450-500만원	2	0.3
500만원이상	1	0.3
합계	329	100.0

*유효합계 : 329 *시스템 결측값 : 2

[그림18] 대안학교 근무 연차별 급여 수준(N)

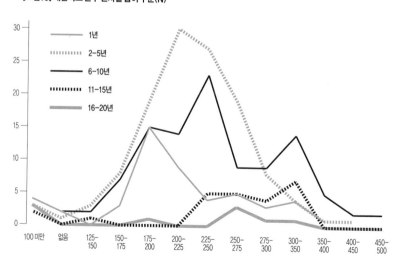

<표5> 대안학교 근무 연차별 급여 수준(N)

연차	100미만	100-125	125-150	150-175	175-200	200-225	225-250	250-275	275-300	300-350	350-400	400-450	450-500
1년	4	2	0	3	15	9	4	5	3	4	1		
2-5년	3	1	3	8	19	30	27	19	8	4	1	1	
6-10년	4	2	2	7	15	14	23	9	9	14	5	2	2
11-15	2	0	1	0	0	0	5	5	4	7	0	0	0
16-20년	3	0	0	0	1	0	0	3	1	1	0	0	0

[그림19] 학교 규모별 급여수준(N)

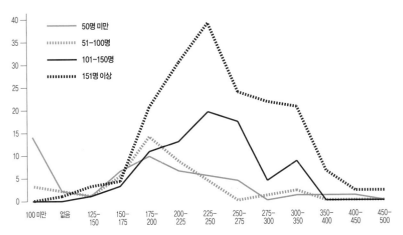

<표6> 학교 규모별 급여수준(N)

연차	100미만	100-125	125-150	150-175	175-200	200-225	225-250	250-275	275-300	300-350	350-400	400-450	450-500
50명 미만	13	2	1	6	9	6	5	4	0	1	1	1	0
51-100명	3	2	1	5	13	8	4	0	1	2	0	0	0
101-150명	0	0	1	3	10	12	18	16	4	8	0	0	0
151명 이상	0	1	3	4	19	28	36	22	20	19	6	2	2

[그림20] 현재 급여수준의 적절성

무응답	전혀 그렇지 않다	그렇지 않다	보통이다	그렇다	매우 그렇다
0.9%	**5.5%**	**28.6%**	**38.0%**	**21.3%**	**5.8%**
3명	18명	94명	125명	70명	19명

*유효합계 : 329 *시스템 결측값 : 2

[그림21] 4대 보험 가입여부

무응답	가입	미가입	일부 가입
1.5%	**80.6%**	**14.5%**	**3.3%**
5명	266명	48명	11명

*유효합계 : 330 *시스템 결측값 : 1

[그림22] 퇴직 시 퇴직금 지급여부

무응답	지급된다	지급 안된다
3.0%	**79.7%**	**17.3%**
10명	263명	57명

*유효합계 : 330
*시스템 결측값 : 1

[그림23] 급여 계약서 유무

무응답	있다	없다
1.2%	**78.8%**	**20.0%**
4명	260명	66명

*유효합계 : 330
*시스템 결측값 : 1

[그림24] 급여에 대한 합리적 의사결정체계 유무

무응답	전혀 그렇지 않다	그렇지 않다	보통이다	그렇다	매우 그렇다
1.2%	**3.9**%	**15.8**%	**37.9**%	**33.0**%	**8.2**%
4명	13명	52명	125명	109명	27명

*유효합계 : 330 *시스템 결측값 : 1

[그림25] 학교의 공식적 출퇴근 시간 유무

무응답	있다	없다
33.0%	**60.9**%	**6.1**%
109명	201명	20명

*유효합계 : 330 *시스템 결측값 : 1

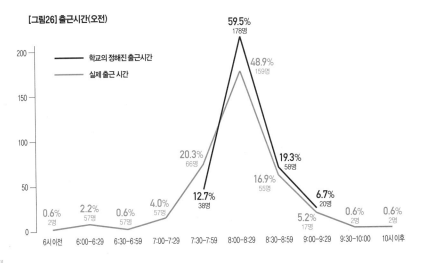

[그림26] 출근시간(오전)

— 학교의 정해진 출근시간
— 실제 출근 시간

	6시 이전	6:00~6:29	6:30~6:59	7:00~7:29	7:30~7:59	8:00~8:29	8:30~8:59	9:00~9:29	9:30~10:00	10시 이후
	0.6% 2명	2.2% 57명	0.6% 57명	4.0% 57명	12.7% 38명	59.5% 178명	19.3% 58명	6.7% 20명	0.6% 2명	0.6% 2명
				20.3% 66명		48.9% 159명	16.9% 55명	5.2% 17명		

[그림27] 퇴근시간(오후)

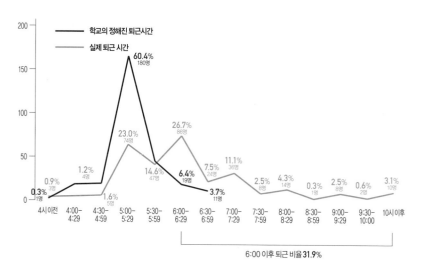

6:00 이후 퇴근 비율 **31.9%**

[그림28] 주간 수업 시수

0-5시간	6-10시간	11-15시간	16-20시간	21-25시간	26-30시간	31-35시간	36시간 이상
1.3%	**7.9%**	**25.9%**	**42.3%**	**17.0%**	**3.5%**	**1.3%**	**0.9%**
4명	25명	82명	134명	54명	11명	4명	3명

*평균 17.68시간   *유효합계 : 317 *시스템 결측값 : 14

〈표7〉 현재 학교에 오기 전 예상 노동강도

구분	N	평균	표준편차
현재학교 오기 전 예상 노동 강도	329	6.31	1.771
현재 느끼는 노동강도	329	7.64	1.563
유효수 (목록별)	329		

*10점 만점

[그림29] 실제 쉬는 날(평균)

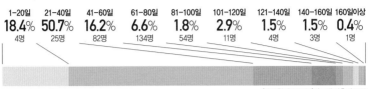

1-20일	21-40일	41-60일	61-80일	81-100일	101-120일	121-140일	140-160일	160일이상
18.4%	**50.7**%	**16.2**%	**6.6**%	**1.8**%	**2.9**%	**1.5**%	**1.5**%	**0.4**%
4명	25명	82명	134명	54명	11명	4명	3명	1명

*유효합계 : 272 *시스템 결측값 : 59

N	최소값	최대값	평균	표준편차
272	4.0	230.0	42.02	29.319

[그림30] 현재 교직이 안정되어 있다는 생각

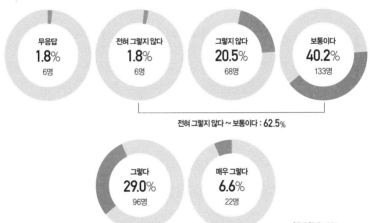

무응답 **1.8**% 6명

전혀 그렇지 않다 **1.8**% 6명

그렇지 않다 **20.5**% 68명

보통이다 **40.2**% 133명

전혀 그렇지 않다 ~ 보통이다 : 62.5%

그렇다 **29.0**% 96명

매우 그렇다 **6.6**% 22명

*유효합계 : 331

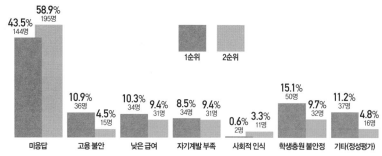

[그림31] 교직이 불안정하다고 생각하는 이유

58.9%
195명

43.5%
144명

1순위   2순위

10.9%
36명
4.5%
15명

10.3%
34명

9.4%
31명

8.5%
34명

9.4%
31명

0.6%
2명

3.3%
11명

15.1%
50명

9.7%
32명

11.2%
37명

4.8%
16명

미응답   고용 불안   낮은 급여   자기계발 부족   사회적 인식   학생충원 불안정   기타(정성평가)

3. 관계 부문

〈표8〉 관계 만족도

구분	N	평균	표준편차
학교 설립자 및 교장과 관계	329	7.77	1.90
학부모와 관계	329	7.49	1.79
동료 교사와 관계	329	8.20	1.49
학생들과 관계	329	8.47	1.36
유효수 (목록별)	329		

*10점 만점

〈표9〉 관계 세부 만족도

구분	N	평균	표준편차
나의 동료들은 어려운 업무를 수행할 때 서로 잘 도와준다.	331	4.08	.70
나는 동료들과 업무 외적인 면에서도 마음이 잘 맞는다.	331	3.84	.80
리더십(교장 등)은 나의 의견을 존중한다.	331	3.95	.78
나는 직장 내에서 존경하는 리더십(교장 등)이 있다.	331	4.06	.86
학생들은 나를 존중한다.	331	3.99	.64
나는 학생들과 소통이 잘 이루어진다.	331	3.98	.57
우리 학교 학부모들은 교사를 존중한다.	331	3.82	.73
학부모와 부담 없이 학교교육이나 자녀교육에 관해 이야기할 수 있다.	331	3.56	.90
유효수 (목록별)	331		

*5점 만점

〈표10〉 관계 세부 만족도 평균

구분	N	평균	표준편차
동료관계	331	3.96	.68
리더십관계	331	4.00	.73
학생관계	331	3.99	.54
부모관계	331	3.69	.74
관계전체평균	331	3.91	.49
유효수 (목록별)	331		

*5점 만점

4. 전문성/성장 부문

[그림32] 현재 관심사 1순위

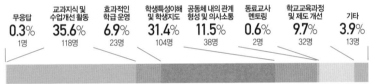

무응답	교과지식 및 수업개선 활동	효과적인 학급 운영	학생특성이해 및 학생지도	공동체 내의 관계 형성 및 의사소통	동료교사 멘토링	학교교육과정 및 제도 개선	기타
0.3%	35.6%	6.9%	31.4%	11.5%	0.6%	9.7%	3.9%
1명	118명	23명	104명	38명	2명	32명	13명

*유효합계 : 331

〈표11〉 교사 전문성 현재 보유도/중요도 인식

항목	현재 보유도		중요도 인식		중요도-보유도	
	N	평균	N	평균		
가르치는 교과의 핵심내용 이해 및 이에 근거한 수업계획 및 운영	331	3.84	330	4.67	0.83	
기독교세계관과 가치관을 교과내용에 연결한 수업 운영	331	3.44	330	4.64	1.20	1순위
학생의 특성과 발달, 이들의 학습방법에 대한 이해와 대처	331	3.64	330	4.67	1.03	
학생에 대한 관심과 신뢰를 말과 행동으로 표현하며 효과적으로 소통 및 지도	331	3.79	330	4.72	0.93	
갈등해결을 포함한 효과적인 학급운영방법 이해 및 활용	331	3.52	330	4.52	1.00	
동료교사와 원활한 소통, 공동작업수행, 갈등해결 및 협력	331	3.67	330	4.50	0.83	
교사로서 수행하는 각종 활동 기획 및 장단기 계획 수립	331	3.39	330	4.22	0.83	
기독교사로서의 소명의식 및 정체성에 대한 지속적인 점검 및 유지 노력	331	3.75	330	4.75	1.00	

자신의 역량과 수준을 점검하여 지속적인 자기계발 및 학습	331	3.44	330	4.59	1.15	2순위
국내외 교육환경 변화 및 교육 이슈 이해 및 활용	331	2.99	330	4.07	1.08	3순위
유효수 (목록별)	331		330		

〈표12〉 전문성을 위해 실시하는 연간 교육 활동의 횟수

구 분	N	최소값	최대값	평균	표준편차
동료 교사에게 수업 공개	330	.0	50	1.72	4.06
동료 교사 수업 참관	331	.0	25.0	1.76	2.85
수업 컨설팅 참여	331	.0	20.0	0.48	1.55
학교의 교사 연구 모임 (학교 안 교사 학습 공동체) 참여	331	.0	100.0	5.09	10.17
외부의 교사 연구 모임 (학교 밖 교사 학습 공동체) 참여	331	.0	50.0	1.36	4.25
소속 학교 교사교육(자체 연수 프로그램) 참여	331	.0	40.0	4.57	6.80
교사단체나 기관의 교사교육(심포지움, 워크샵) 참여	331	.0	16.0	1.28	1.81
유효수 (목록별)	330				

*5점 만점

[그림33] 교사 재교육을 위한 학위 과정 참여

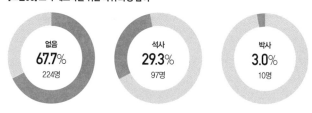

없음 **67.7%** 224명

석사 **29.3%** 97명

박사 **3.0%** 10명

*유효합계 : 331

〈표13〉 전문성 향상을 위하여 실시하는 교육활동의 도움 정도

구 분	N	평균
동료 교사에게 수업 공개	330	3.01
동료 교사 수업 참관	331	3.08
수업 컨설팅 참여	331	2.24
학교의 교사 연구 모임 (학교 안 교사 학습 공동체) 참여	331	3.01
외부의 교사 연구 모임 (학교 밖 교사 학습 공동체) 참여	331	2.41
소속 학교 교사교육(자체 연수 프로그램) 참여	331	3.35

교사단체나 기관의 교사교육(심포지움, 워크샵) 참여	331	3.09
석사학위 도움	331	2.12
박사학위 도움	16	3.88
유효수 (목록별)	15	

〈표14〉 교사양성 및 재교육 시스템 및 학교조직 변화

구분	N	평균
대안학교 교사가 되기 위해서 공교육에서 필요로 하는 교원자격증	331	3.57
(1정, 2정) 소지가 필요하다.	331	3.82
교직과정 또는 교·사대와 같은 공교육 교원양성과정의 경험이 대안학교 교원의 직무를 수행하는데 도움이 된다.	331	3.75
공교육에서 기간제 교사 또는 정교사 경험을 가지는 것이 대안학교 교육과정을 운영하는데 도움이 된다.	330	3.61
앞으로는 대안학교 교사를 제도권 내에서 별도로 양성할 필요가 있다.	330	3.26
대안학교 교사 자격증이 필요하다.	330	3.89
우리 학교는 교사의 성장을 위한 다양한 연수 프로그램에 참여하도록 지원하고 있다.	330	3.64
대안학교 교사들의 전문성 향상을 돕는 대학원 과정이 필요하다.	330	2.58
대안학교 교사의 전문성 향상을 돕는 재교육시스템은 충분한 편이다.	330	3.88
유효수 (목록별)	15	

〈표15〉 교사양성의 바람직한 방향(1순위)

구분	빈도	유효 퍼센트
무응답	6	1.8
현행 교직 내지는 교·사대 교육과정에 대안교육을 배울 수 있는 과목을 일부 포함	66	20.0
교·사대 교육과정에 대안교사 자격증 과정 신설	20	6.1
대학원에 석사학위과정으로 대안교육 전공 운영	56	17.0
대안학교 연맹체(연구소) 차원에서 자체적으로 공동 운영	87	26.4
학교별로 대안학교 근무를 희망하는 예비교원 프로그램 운영 후 지원 자격 부여	57	17.3
제도화는 필요 없고, 현행처럼 다양한 배경을 가진 교원을 선발하면 됨	35	10.6
기타	3	0.9
합계	330	100.0

*유효합계 : 329 *시스템 결측값 : 2

〈표16〉 대안학교 교원양성과정을 운영한다면 가장 중요한 것(1순위)

구분	빈도	유효 퍼센트
무응답	9	2.7
소명의식	100	30.4
대안교육철학	39	11.9
기독교세계관	109	33.1
교육과정 수업 평가 전문성	28	8.5
학급운영	10	3.0
생활지도 및 상담 학생이해	7	2.1
각종대안 프로그램 운영능력	23	7.0
신앙과 영성	2	0.6
신학적 소양	2	0.6
합계	329	100.0

*유효합계 : 329 *시스템 결측값 : 2

5. 스트레스/소진 부문

〈표17〉 스트레스 평균점수

구분	N	평균	표준편차
현재 맡고 업무는 나의 적성과 잘 맞지 않는다.	330	2.32	0.99
애매한 지시나 명령을 받고 일해야 하는 경우가 있다.	330	2.82	1.07
내 담당 업무가 아닌 일들을 수행해야 할 때가 있다.	330	3.23	1.03
한 사람이 하기에는 너무 많은 양의 업무를 담당하고 있다.	329	3.29	1.00
우리 기관의 의사결정 과정은 참여하기 어려운 구조이다.	330	2.56	1.08
나는 승진과 관련하여 정당한 평가를 받고 있지 않다.	329	2.22	0.94
우리 기관에서는 부서 이기주의가 만연해 있다.	330	2.00	0.91
일과 가정생활을 동시에 해내는 것이 힘들다.	329	3.28	1.14
업무로 인해 여가활동을 즐길 시간이 부족하다.	330	3.32	1.09
업무량 때문에 자기개발을 제대로 하지 못하고 있다.	330	3.17	1.06
스트레스총점	328	2.81	0.64
유효수 (목록별)	328		

*5점 만점

[그림34] 현재 맡고 있는 업무는 나의 적성과 잘 맞지 않는다.

무응답	전혀 그렇지 않다	그렇지 않다	보통이다	그렇다	매우 그렇다
0.6%	**18.5%**	**44.8%**	**23.9%**	**9.1%**	**3.0%**
2명	61명	148명	79명	30명	10명

*유효합계 : 330 *시스템 결측값 : 1

[그림35] 애매한 지시나 명령을 받고 일해야 하는 경우가 있다.

무응답	전혀 그렇지 않다	그렇지 않다	보통이다	그렇다	매우 그렇다
0.6%	**7.9%**	**35.8%**	**24.5%**	**27.0%**	**4.2%**
2명	26명	118명	81명	89명	14명

*유효합계 : 330 *시스템 결측값 : 1

[그림36] 내 담당 업무가 아닌 일들을 수행해야 할 때가 있다.

무응답	전혀 그렇지 않다	그렇지 않다	보통이다	그렇다	매우 그렇다
3.0%	**4.5%**	**21.8%**	**25.5%**	**41.2%**	**6.7%**
1명	15명	72명	84명	136명	22명

*유효합계 : 330 *시스템 결측값 : 1

[그림37] 한 사람이 하기에는 너무 많은 양의 업무를 담당하고 있다.

무응답	전혀 그렇지 않다	그렇지 않다	보통이다	그렇다	매우 그렇다
0.3%	**3.6%**	**17.9%**	**31.3%**	**38.0%**	**8.8%**
1명	12명	59명	103명	125명	29명

*유효합계 : 329 *시스템 결측값 : 2

[그림38] 우리 기관의 의사결정 과정은 참여하기 어려운 구조이다.

전혀 그렇지 않다	그렇지 않다	보통이다	그렇다	매우 그렇다
14.8%	**40.3**%	**23.0**%	**17.3**%	**4.5**%
49명	133명	76명	57명	15명

*유효합계 : 330 *시스템 결측값 : 1

[그림39] 나는 승진과 관련하여 정당한 평가를 받고 있지 않다.

무응답	전혀 그렇지 않다	그렇지 않다	보통이다	그렇다	매우 그렇다
1.5%	**19.1**%	**45.0**%	**26.4**%	**6.1**%	**1.8**%
5명	63명	148명	84명	20명	6명

*유효합계 : 329 *시스템 결측값 : 2

[그림40] 우리 기관에서는 부서 이기주의가 만연해 있다.

무응답	전혀 그렇지 않다	그렇지 않다	보통이다	그렇다	매우 그렇다
0.3%	**30.9**%	**46.4**%	**14.5**%	**7.0**%	**0.9**%
1명	102명	153명	48명	23명	3명

*유효합계 : 330 *시스템 결측값 : 1

[그림41] 일과 가정생활을 동시에 해내는 것이 힘들다.

무응답	전혀 그렇지 않다	그렇지 않다	보통이다	그렇다	매우 그렇다
1.2%	**6.1**%	**16.1**%	**29.2**%	**34.7**%	**12.8**%
4명	20명	53명	96명	114명	42명

*유효합계 : 329 *시스템 결측값 : 2

[그림42] 업무로 인해 여가활동을 즐길 시간이 부족하다.

무응답	전혀 그렇지 않다	그렇지 않다	보통이다	그렇다	매우 그렇다
0.3%	**3.9%**	**21.8%**	**25.2%**	**35.5%**	**13.3%**
1명	13명	72명	83명	117명	44명

*유효합계 : 330 *시스템 결측값 : 1

[그림43] 업무량 때문에 자기개발을 제대로 하지 못하고 있다.

무응답	전혀 그렇지 않다	그렇지 않다	보통이다	그렇다	매우 그렇다
0.3%	**4.5%**	**23.9%**	**30.0%**	**31.8%**	**9.4%**
1명	15명	79명	99명	105명	31명

*유효합계 : 330 *시스템 결측값 : 1

[그림44] 학교생활에서 느끼는 가장 큰 스트레스 요인

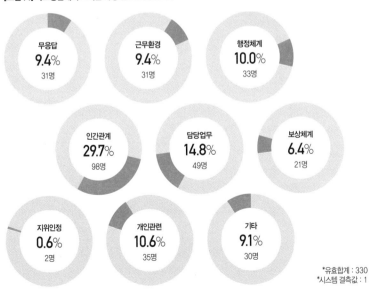

무응답 **9.4%** 31명

근무환경 **9.4%** 31명

행정체계 **10.0%** 33명

인간관계 **29.7%** 98명

담당업무 **14.8%** 49명

보상체계 **6.4%** 21명

지위인정 **0.6%** 2명

개인관련 **10.6%** 35명

기타 **9.1%** 30명

*유효합계 : 330
*시스템 결측값 : 1

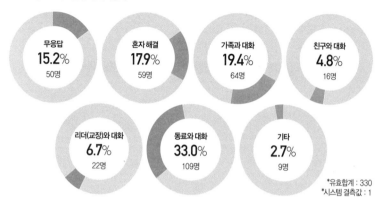

[그림45] 스트레스 발생 시 대처방식

무응답
15.2%
50명

혼자 해결
17.9%
59명

가족과 대화
19.4%
64명

친구와 대화
4.8%
16명

리더(교장)와 대화
6.7%
22명

동료와 대화
33.0%
109명

기타
2.7%
9명

*유효합계 : 330
*시스템 결측값 : 1

〈표18〉학교생활로 인한 각 영역의 소진 정도

구분	N	평균	표준편차
신체적 소진	330	7.27	2.146
심리 정서적 소진	330	7.24	2.102
사회 관계적 소진	330	5.95	2.436
지적 소진	330	5.28	2.338
영적 소진	330	5.24	2.594
유효수 (목록별)	330		

*10점 만점

〈표19〉소진원인에 따른 소진 정도

구분	N	평균	표준편차
교과지도로 인한 소진	330	5.50	2.427
생활지도로 인한소진	330	6.92	2.338
행정업무로 인한 소진	330	6.36	2.383
관계로 인한 소진	330	5.68	2.418
유효수 (목록별)	330		

*10점 만점

[그림46] 이직을 고민해 본 경험 유무

무응답	전혀 그렇지 않다	그렇지 않다	보통이다	그렇다	매우 그렇다
0.6%	14.2%	21.5%	12.4%	39.7%	11.5%
2명	47명	71명	41명	131명	38명

*유효합계 : 330 *시스템 결측값 : 1

[그림47] 이직을 시도해 본 경험 유무

무응답	전혀 그렇지 않다	그렇지 않다	보통이다	그렇다	매우 그렇다
0.3%	3.9%	21.8%	25.2%	35.5%	13.3%
1명	13명	72명	83명	117명	44명

*유효합계 : 330 *시스템 결측값 : 1

[그림48] 이직을 고려하거나 시도하는 가장 큰 요인

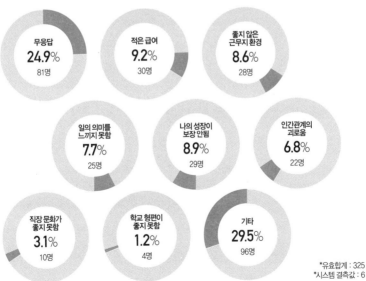

무응답
24.9%
81명

적은 급여
9.2%
30명

좋지 않은
근무지 환경
8.6%
28명

일의 의미를
느끼지 못함
7.7%
25명

나의 성장이
보장 안됨
8.9%
29명

인간관계의
괴로움
6.8%
22명

직장 문화가
좋지 못함
3.1%
10명

학교 형편이
좋지 못함
1.2%
4명

기타
29.5%
96명

*유효합계 : 325
*시스템 결측값 : 6

〈표20〉 교사의 스트레스와 소진을 해결해주는 학교시스템(복수응답)

항목	응답
물리적 휴식 보장	132
심리적 회복을 위한 멘토링 상담	64
사회적관계 향상 활동 프로그램	34
전문성 향상을 위한 교수학습지원 프로그램	111
영성개발프로그램	79
행정업무 줄여주는 지원시스템	61
회복 시스템이 없음	83
기타	31

〈표21〉 교사의 스트레스와 소진을 회복시켜주는 시스템으로 가장 필요한 것(복수응답)

항목	응답
물리적 휴식 보장	203
심리적 회복을 위한 멘토링 상담	60
사회적관계 향상 활동 프로그램	12
전문성 향상을 위한 교수학습지원 프로그램	44
영성개발프로그램	32
행정업무 줄여주는 지원시스템	109

IV. 기독교 교육적 제언

1. 소명을 지속하게 하는 만족도 향상 지원

기독교대안학교의 지속적인 발전과 성장을 위해서는 기독교사로서의 소명을 발견하는 것과 동시에 기독교사로서의 삶의 만족도를 높여주는 일이 필요하다. 본 연구의 결과에 따르면 기독교대안학교 교사들이 대안학교의 교사가 된 이유는 기독교교육에 대한 의지, 교육에 대한 사명감, 기독교적 교육환경이 1, 2, 3위를 차지하였다. 이는 교사들의 상당수는 기독교대안학교에서 기독교교육을 실현하고자 하는 의지가 강하며 그것이 하나님께서 자신을 기독교대안학교로 부르셨다는 소명임을 강하게 자각하고 있다는 것을 보여주는 결과라 하겠다. 그러나 이러한 기독교교육에 대한 실천의지와 달리 현재 자신의 삶에 대한 만족도(3.89)는 비교적 낮으며 또한 다른 사람이 바라보는 자신의 삶에 대한 인식(3.87) 역시 마냥 긍정적으로만 바라보지 않고 있다고 느끼는 현실에 있다. 즉 하나님의 부르심에 응답하고 기독교교육을 실천하고자 하는 마음으로 기독교대안학교 교사가 되었지만 현재 자신의 삶에 대하여 느끼는 만족도와 사람들의 긍정적이지 않은 인식으로 인해 심리적 갈등을 하고 있는 것으로 분석이 되고 있다. 이러한 현실에서 기독교대안학교의 지속적인 성장과 발전을 위해서는 교사들에게 소명의식을 불어 넣어주는 것과 더불어 자신의 삶에 대하여 만족할 수 있는 여러 가지 장치들을 고안해야 할 것으로 보인다. 기독교대안학교 교사들의 삶의 만족도는 크게 두 가지 방향에서 향상시킬 수 있다고 본다. 첫번째는 내면적 측면으로 교사로서의 내적 동기와 자존감을 높여주는 방법이다. 두번째는 외적 측면으로 교사로서 보람을 느끼도록 하는 적합한 보상 및 인정을 해 주는 방법이다. 우선 내적인 측면에서 교사 스스로 자신이 기독교대안학교 교사라는 자부심을 가질 수 있도록 '자아정체감 및 자존감 회복 프로그램'을 개발하여 시행하는 방법이 필요하고 더 나아가 '기독교대안학교 교사 신앙공동체' 등을 구성하여 자신의 삶을 나누고 함께 기도하며 위로할 수 있는 '나눔의 공동체'를 구성하도록 지원하는 방법이 필요하다고 본다. 그러나 이러한 내적인 측면에 대한 동기부여와 더불어 적절한 보상 및 지위인정에 대한 방식을 통해 외적인 지원도 충분히 이루어질 수 있도록 해야 한다. 이러한 노력들을 통해 대안학교 교사로서의 자신의 일과 자신의 삶에 대한 만족도를 향상시켜주어 안정적 상황에서 기독교대안학교 교사의 사명을 감당할 수 있도록 지원해야 할 것이다.

2. 교직안정성 확보를 위한 다각적 노력의 필요성

기독교대안학교 교사로서의 안정적 사역을 위한 여러 가지 지원체계를 갖추어야 할 필요가 있다. 본 연구의 결과에 따르면 기독교대안학교 교사들은 월 평균 급여로 225-250만 원이 63명, 200-225만 원이 54명, 175-200만 원이 53명, 250-275만 원이 42명으로 응답하였다. 대안학교 근무 연차별 급여 수준을 살펴본 결과, 초임교사의 경우 175-200만 원이 15명으로 가장 많았고 2-5년의 경우 200-225만 원이 30명으로 가장 많았으며 6-10년 차의 경우 225-250만 원이 23명으로 가장 많았다. 학교 규모별 급여 수준을 살펴본 결과 50명 미만의 학교에서는 100만 원 미만으로 받는 교사가 13명으로 가장 많았고 51-100명 규모의 학교는 175-200만 원이 13명, 101-150명 규모의 학교는 225-250만 원이 18명, 151명 이상의 학교의 경우 225-250만 원이 36명으로 가장 많았다. 초임일수록, 학교규모가 작을수록 월급여가 적은 것으로 조사되었다. 이와 같은 조사 결과는 2016년 기독교학교교육연구소에서 조사한 초임교사의 월급여와 관련하여 150-200만 원 45.3%, 100-150만 원 25%로 조사된 연구의 결과의 거의 일치한다. 즉 대안학교 초임교사의 경우 200만 원 미만의 월 급여를 받고 있는 것으로 볼 수 있다. 한편 교육공무원 봉급표에 의하면 공교육 5년차 교사의 평균 월 급여가 약 230만 원이고 다양한 수당을 포함한 연봉이 약 4500만 원인 점을 고려하면 대안학교 교사의 연봉은 공교육 교사에 비해 낮은 편에 속한다고 볼 수 있다. 비록 대안학교 교사와 공교육 교사의 본봉이 비슷하더라도 수당 등을 추가로 계산하면 대안학교 교사들의 급여는 공교육 교사의 약 70% 수준인 것으로 보인다. 이러한 현실 속에서 기독교대안학교 교사들은 학교 상황을 고려한 희망급여에 대하여 현재 받는 급여에서 평균적으로 30-50만 원 정도 인상되면 좋겠다고 응답하였다. 급여가 대안학교 교사의 교직안정성에 중요한 부분 중 하나인 점을 고려하면 급여를 조금 더 현실화시켜서 교직안정성을 확보하는 노력이 필요할 것으로 보인다. 그러나 교사들은 급여와 관련하여 현재 합리적인 의사결정체계를 갖추고 있다고 응답하느냐는 질문에 대하여 보통이하로 응답한 비율이 58.5%를 보여 급여와 관련된 합리적 결정 구조가 우선적으로 필요한 것으로 보인다.

한편 교사들은 교직안정성에 대하여 보통 이하로 응답한 비율이 63.3%정도를 차지하여 다소 불안감을 느끼고 있는 것으로 보인다. 그 이유로는 학생충원의 불안정성(15.1%)이 가장 컸으며 고용불안과 낮은 급여가 그 뒤를 이었다. 결국 교사들은 구조적으로는 학령인구의 자연적 감소로 인한 학생충원의 불확실성에 대하여 큰 고민이 있으며 개인적으로는 고용불안, 급여 등에서 교직이 불안정하다고 느끼고 있었다. 실제로 위와 같은 이유들로 인해 50% 이상의 교사들은 이직을 고민해본 경험이 있는 것으로 드러났다. 이러한 교직불안정성을 극복하기 위해서는 적절하고 합리적인 급여수준을 마련하도록 해야 한다. 다만 기독교대안학교의 재정상황은 각 학교마다 다르며 심지어 재정적으로 어려움을 겪고 있는 학교도 있으므로 급여와 관련된 합리적 의사결정 과정을 통해서 학교당국과 교사가 협력적으로 조율할 필요가 있다. 한편 학생 수 감소로 인한 충원율 미달을 교직불안정성으로 꼽았는데 이러한 문제를 해결하기 위해서는 학교의 질적 수준 향상을 위해 노력해야 할 필요가 있다. 사실상 대안학교 뿐 아니라 공교육 역시 학생 수 감소의 문제는 우리 사회의 심각한 이슈 중 하나이다. 이러한 현실에서 학교를 유지하고 더 발전적인 방향으로 운용할 수 있는 방법은 교육과정의 내실화와 특성화를 통한 교육의 차별성을 부각시키는 일이라 하겠다. 즉 기독교대안학교마다 자신들의 교육철학과 이념을 더욱 견고히 하고 그 교육철학에 근거하여 교육과정과 교육방법을 실천하여 특성화된 대안학교를 설립 운영하면 학생충원 문제는 해결될 수 있을 것으로 보인다.

3. 업무효율성 향상을 통한 노동시간의 효과적 사용

기독교대안학교의 발전을 위해 노동의 적절성과 효과성을 재고할 필요가 있어 보인다. 본 연구의 결과에 따르면 학교의 공식적인 평균 출근시간은 8:00-8:30(178명)이며 실제 출근시간(159명)도 거의 유사한 상황에 있다. 반면 공식적인 퇴근시간은 5:00-5:30(180명)인데 반하여 실제 퇴근시간은 6:00-6:30(86명)이 가장 많았고 그 이후 시간 퇴근교사도 비교적 많았다. 즉 출근시간은 학교가 정한 시간과 거의 일치하나 퇴근시간은 학교가 정한 시간보다 다소 늦은 것으로 나타났다. 이와 같은 조사 결과는 학교규모 및 학교급(초중고)에 따라 달라질 수 있을 것으로 추측할 수 있다.

한편 교사들의 주간 수업시수와 관련하여 주당 평균 16-20시간으로 응답한 교사가 134명으로 가장 많았으며 11-15시간 82명, 21-25시간이 54명으로 그 뒤를 이었다. 교사들은 평균적으로 17.68시간 수업을 진행하고 있는 것으로 드러났다. 방학을 포함하여 실제 쉬는 날과 관련하여 교사들은 61-80일 정도라고 응답한 교사가 134명으로 가장 많았고 41-60일 82명, 81-100일 54명이 응답하여 그 뒤를 이었다. 반면 최소 쉬는 날이 4일 이라고 응답한 교사도 있었으며 최대 230일을 쉰다고 응답한 교사도 있었다. 평균적으로 교사들의 실제 휴식일은 42일인 것으로 나타났다. 한편 교사들은 현재 학교에 오기 전에 예상했던 노동의 강도를 10점을 기준을 평균 6.31로 예상했으나 실제 느끼는 노동의 강도는 7.64로 평가하였다. 이와 같은 설문결과는 수업을 포함한 노동의 강도가 비교적 세다고 느끼고 있는 것으로 평가할 수 있다.

기독교대안학교 교사는 수업과 행정을 포함하여 학생들과의 상담을 해야 하는 등 여러 가지 업무를 수행해야 한다. 그래서 실제 정해진 출퇴근 시간보다 더 연장하여 근무해야 하는 경우도 종종 있다. 현재 기독교대안학교의 인력구조 및 재정상황이 녹록치 않은 현실에서 새로운 교사 및 행정인력을 투입하여 교사들의 근무여건을 개선하는 것이 현실적으로 어렵기 때문에 내부적으로 업무효율성 향상을 통해 노동시간을 효과적으로 사용하는 방법을 고려해야 한다. 가령 업무보고와 관련한 전자결제 시스템을 구축한다든지 통일된 업무문서 양식 배포 및 관리체계의 일원화를 통한 업무의 효율성을 향상시킨다든지 하는 개선이 이루어져야 할 필요가 있다. 실제로 대안학교 교사들을 대상으로 한 선행연구(함영주, 2015a)의 결과에 의하면 교사들은 행정서식의 통일을 통한 업무효율성을 기대하고 있었다. 따라서 이러한 교사들의 요구를 반영하여 행정지원체계를 잘 구축하고 행정서식의 표준화 작업을 통해 업무효율성을 향상시키는 노력이 필요하다고 본다.

4. 학부모와의 관계성 향상을 위한 노력의 필요성

기독교대안학교 교사의 관계 만족도를 조사한 결과 학생들과의 관계가 10점 척도에서 8.47점으로 가장 높았고, 동료교사와의 관계가 8.2점으로 그 뒤를 이었다. 반면에 가장 낮은 관계만족도는 학부모와의 관계로 평균 7.49점을 보였다. 이는 관계 세부 만족도를 측정한 조사와 일치하는 결과이다. 교사들은 학부모와의 관계에서 5점 척도를 기준으로 3.69점을 주어 학교구성원들과의 관계 중에서 가장 낮은 만족도를 보였다. 세부적인 항목을 살펴보면 '우리 학교 학부모들은 교사를 존중한다' 항목이 5점 척도에서 3.82, '학부모와 부담 없이 학교교육이나 자녀교육에 관해 이야기 할 수 있다' 항목이 3.56점을 보여 가장 낮은 만족도를 보였다. 교사들은 학부모가 교사를 존중하고 있다고 느끼고는 있으나 학생의 교육문제에 대하여 이야기 하는 것에 큰 부담을 느끼고 있는 것으로 조사되었다. 사실상 학부모와의 관계는 교사에게 있어서 매우 중요한 부분이면서도 큰 부담을 가질 수밖에 없는 관계임에 틀림없다. 실제로 2017년 기독교학교교육연구소의 설문결과에 의하면 자녀의 학업 및 진로와 관련하여 가장 큰 영향을 미치는 대상이 바로 부모였다. 즉 부모가 자녀의 교육과 관련하여 매우 중요한 목소리를 내는 주체라는 말이다. 이처럼 부모가 자녀의 교육에 대하여 많은 관심을 가지고 있는 한국교육의 현실에서 학생을 직접 지도하는 교사와 함께 자녀의 학업 및 진로에 대하여 이야기 하는 것은 쉬운 일만은 아닐 것이다. 따라서 이와 같은 잠재적 갈등요인을 완화시키기 위해서는 부모와 교사와의 관계를 잘 맺을 수 있는 교육시스템을 마련하는 것이 중요하다고 본다.

이를 위하여 첫째, 자녀에 대하여 객관적으로 평가할 수 있는 '통합평가시스템'을 구축하는 것이 한 방법이 될 수 있다. 일반적으로 학교에서 이루어지는 평가는 과목을 담당하는 해당교사가 주도적으로 평가하여 가정에 통보하는 시스템이다. 물론 대안학교의 평가 시스템은 이와는 다소 차이가 있다. 이에 기독교대안학교는 기존의 평가시스템을 보완하여 학생, 교사, 교장, 학부모 등이 모두 참여하는 '통합평가시스템'을 마련할 필요가 있다. 그리고 이 평가체계 안에서 학생의 학업 및 진로에 대하여 모든 교육의 주체들이 심층적이고 고도화된 논의가 이루어지도록 해야 한다. 이처럼 학생의 진로 및 교육에 대한 논의의 열린 장이 마련된다면 교사와 부모가 상담하는데에 따르는 심리적 부담이 크게 줄어들 것으로 보인다.

둘째, 교사와 부모와의 정기적 '간담회'와 같은 의사소통구조의 확립도 좋은 방법 중 하나라고 생각된다. 2017년도 기독교학교교육연구소의 기독교대안학교실태조사 보고서에 의하면 기독교대안학교에서 학부모 운영위원회가 있는 비율이 53.8%에 이르고 정기적인 부모교육 83.1%, 학부모기도회 73.8%, 신입학부모교육 73.85, 예비학부모교육 38.5%가 시행하고 있다. 이 연구의 결과에 따르면 학부모의 의견개진 및 학부모 교육과 관련된 사항은 현재 대안학교들이 잘 하고 있으나 학생을 직접 상담하고 가르치는 교육주체인 개별교사와의 만남이나 심층적인 대화는 보완되어야 할 사항으로 보인다. 따라서 부모교육을 위한 모임이 아닌 학생을 가르치는 교사와 학부모가 직접 만나 학생의 교육에 대하여 의견을 나누고 교사들의 고충을 들어줄 수 있는 '간담회' 등의 프로그램을 적극적으로 활용할 필요가 있다. 이러한 과정을 통해 학부모와의 관계개선은 물론이거니와 학생들을 다각적인 차원에서 심층적으로 도울 수 있을 것으로 생각한다.

5. 교사의 교육 스트레스 해소를 위한 제도적 장치 마련

본 연구의 결과에 따르면 교사들이 느끼는 가장 큰 스트레스 요인은 인간관계요인(29.7%)와 개인관련요인(10.6%)였다. 인간관계요인은 앞서 언급한대로 학부모와의 관계, 학교리더십과의 관계 등이 해당되며 개인관련 요인은 과도한 업무량으로 인해 여가활동이 부족하거나 개인계발을 하지 못하는 상황들일 것으로 추측할 수 있다. 이로 인해 교사들은 신체적 소진(7.27)과 심리·정서적 소진(7.24)를 겪고 있으며 이는 곧 생활지도로 인한 소진(6.92)로 이어지고 있음이 드러났다. 이와 같은 스트레스 발생 시 교사들은 주로 동료와의 대화(33%)를 통해 해소하거나 혹은 가족과의 대화(19.4%)를 통해 스트레스를 해결하는 것으로 드러났다. 또한 혼자해결(17.9%)한다고 응답한 비율도 적지 않았다. 기독교대안학교 교사들은 학교구성원들과의 다양한 관계 속에서 오는 스트레스와 개인적으로 겪는 삶의 문제들로 인해 상당한 스트레스를 겪고 있는 것으로 보인다. 그런데 이러한 스트레스에 대하여 학교적 차원에서 적절한 조치가 취해지지 못하고 있는 것으로 보인다. 이러한 상황에서 교사들은 자신들의 스트레스와 소진을 해결하기 위해 학교가 물리적 휴식을 보장(203명), 행정업무를 줄여주는 지원시스템(109명), 심리적 회복을 위한 멘토링 상담(60

명)을 원하는 것으로 집계되었다.

　이러한 의견을 토대로 첫째, 학교는 교사들의 스트레스 요인 및 민원을 청취하고 대화할 수 있는 공식적인 의견개진의 창구를 마련하는 것이 필요하다. 사실상 현재의 학교구조 속에서 교사의 스트레스 및 개인적 고충에 대한 의견을 개진한다는 것은 어려울 수 있다. 따라서 '온라인 교사신문고' 등과 같은 의견개진 창구를 개설하여 교사들의 상황과 의견을 적극적으로 경청할 수 있는 시스템을 구비하는 것이 좋을 듯하다. 둘째, 교사 안식월, 안식년제도 및 저녁시간 쉼 보장과 같은 물리적 휴식을 보장하는 체계를 더욱 강화할 필요가 있다. 교사들은 본인의 학교에 물리적 휴식을 위한 시스템이 있다고 111명이 응답하였으나 여전히 물리적 휴식을 보장해 달라는 의견이 203명으로 제일 많았다. 이는 시스템은 구비되었으나 실제 물리적 휴식을 보장받지 못하는 현실을 반영한 것이라 하겠다. 따라서 물리적 휴식 보장을 위한 제도뿐 아니라 실제 사용할 수 있는 분위기 조성과 의지가 필요하다고 본다. 셋째, 교사의 스트레스 및 소진 요인 중 교사로서의 전문성과 관련된 문제를 보완해주기 위하여 외부 연수 참여의 기회를 제공하고 그곳에서 교육프로그램 수료 및 타 학교 교사들과의 교류의 기회를 제공하는 것도 필요하다고 본다.

V. 결론

　기독교대안학교 운동은 지난 20년이 넘는 세월 동안 많은 발전을 거듭하며 성장해 왔다. 기독교대안학교의 양적 성장과 더불어 교육의 질이라는 측면에서도 괄목상대할만한 성장을 이루어가고 있다. 그러나 기독교대안학교가 마주

한 현실은 그리 녹록치만은 않다. 학령인구의 급격한 감소, 기독교에 대한 부정적 인식과 쇠퇴라는 대외적인 요인과 더불어 차별성이 없는 기독교대안학교의 교육과정 및 내용, 입시로부터 자유로울 수 없는 기독교대안학교의 고민 등 대내적인 요인들이 기독교대안학교 운동의 주요한 도전들이 되고 있다. 이러한 현실에서 교육의 중요한 주체 중 하나인 교사의 교육에 대한 인식과 삶의 고민들을 탐구하여 기독교교육적 대안을 제시한다는 것은 매우 중요한 과제라 할 수 있다. 본 연구는 그러한 고민을 담아 현재 기독교대안학교에 근무하고 있는 교사들을 대상으로 설문조사를 통해 기독교대안학교 진입동기, 관계, 교육전문성, 스트레스 요인등에 대하여 살펴보았다. 기독교대안학교 교사들은 여러 가지 열악한 환경들 속에서도 기독교교육에 대한 하나님의 부르심에 응답하는 차원에서 주어진 일을 열심히 감당하고 있었다. 급여의 문제, 개인시간과 쉼이 없는 현실, 교육철학의 갈등, 설립자 및 교장과의 관계, 학부모와의 관계 등에서 어려운 면이 없지 않으나 기독교대안교육에 대한 더 큰 소명으로 현실적인 어려움들을 극복하며 근무하고 있는 것으로 드러났다. 그러나 기독교대안학교 운동의 새로운 차원을 열어가기 위해서는 교사들에 대한 복지, 처우개선, 행정지원, 교육지원, 심리적지원 등을 더욱 강화하여 스트레스 요인과 이직요인을 최소화할 필요가 있다. 아무쪼록 이번 기독교대안학교 교사에 대한 현실 연구를 통해 교사들이 자부심을 갖고 대안교육에 임할 수 있게 되기를 기대한다.

대안학교에 근무하다가
다른 학교 또는 아예 다른 직종으로
이직하시는 분들을 종종 볼 수 있어요.
이직의 가장 큰 이유가 무엇인지,
그분들의 이야기를 들어볼
필요가 있지 않을까요?

함께 생각할 질문

이 장과 관련된 자신의 경험을 되돌아보고 함께 생각을 나누어보세요.

1. 기독교대안학교 교사의 실태 관련 데이터 중 가장 인상적인 설문결과는 무엇인가요?

2. 기독교대안학교 교사는 어떤 현실에 놓여 있다고 느껴지나요?

3. 기독교대안학교 교사들의 근무현실을 개선하기 위해 어떤 노력이 필요하다고 생각하나요?

제2장

공동체

김종훈 교수

_ 경인교육대학교(B.A.)
_ 서울대학교 교육학과(M.A.)
_ University of Wisconsin-
  Madison(Ph.D.)
_ 현, 성신여자대학교 교육학과 교수

제2장

기독교대안학교 교사들이 인식하는 학교 공동체의 의미는 무엇인가? [1]

I. 들어가며

최근 교육학 연구 및 실천 분야에서 '교사 공동체'에 대한 관심은 그 어느 때보다도 높다. 교사학습공동체(teacher learning community), 전문적학습공동체(professional learning community), 실천공동체(community of practice) 등 교사의 공동체를 지칭하는 여러 개념이 등장하고, 이에 대한 이론적 탐색과 실천적 노력이 지속되어 온 것은 이러한 관심을 잘 반영한다.

사실, 지난 1980년대까지 교사의 실천 행위는 매우 개인적인 것으로 받아

065

....

1) "기독교 대안학교 교사들이 인식하는 학교 공동체의 의미 탐색."
  본 장은 『신앙과 학문』, 제25권 1호(2020.3.), 79-103에 게재되었습니다.

들여져 왔다. 전통적으로 교사교육에 대한 기본적인 입장은 교사양성기관(주로 교·사대)이 전공 교과와 관련된 핵심적인 지식과 기술을 가르치면, 이를 습득한 교사가 학생들에게 전달할 수 있다는 '기술-합리성 모형'(technical-rationality model)에 기반을 두고 있었다. 이러한 입장에서 바라보는 교사의 역할은 주로 '지식 전달자'(knowledge deliverer)에 국한되었다. 이후 Schön (1983)을 중심으로, 자신의 실천 행위에 대한 성찰(reflection), 이를 통한 교사의 학습(teacher learning)이 강조되기는 하였으나, 여전히 교사의 실천은 개인을 단위로 인식되었던 것이 사실이다.

그러나 지난 20세기 후반 이후로, 교사 전문성의 사회적 성격에 관한 관심과 논의가 지속해서 증가해 오고 있다. 교사를 하나의 개인으로, 가르침(teaching)을 개인 단위의 실천으로 이해하려는 종래의 관점에서 벗어나, 공동체의 관점에서 교사의 삶과 실천을 바라보려는 시도가 진행된 것이다. 이렇듯, 교사는 다양한 사회적 관계와 상호작용을 통해 성장하며(Darling-Hammond & Richardson, 2009), 공동체를 통한 교사의 성장과 전문성 계발이 학교교육을 긍정적으로 개선(김주영·장재홍·박인우, 2018; 박승렬, 2015)한다는 것이 교사교육에 대한 최근의 입장이다.

기독교대안학교의 경우는 어떠한가? 각 학교마다 상황과 맥락이 다르기는 하나, 학교를 구성하는 사람들을 '공동체'로 보려는 데에는 이견이 없을 것이다. 그리고 학교 공동체를 통해 교사의 가르침과 삶을 이해하려는 입장 또한 다르지 않다. 더욱이, 기독교라는 신앙의 바탕, 교육에 관한 공통의 관심사, 대안학교의 특수성을 고려해 볼 때, 공동체에 대한 기독교대안학교의 관심은 여타의 학교들에 비해 훨씬 높다고 할 수 있다. 실제로 모든 기독교대안학교는 다양한 구성원들(학교 리더십, 교사, 학생, 학부모 등)이 주체가 되는 건강한 공동체를 만들고, 이를 통해 학교교육을 충실히 구현하기를 기대한다.

우리나라의 기독교대안학교는 대략 20년의 역사를 가지고 있다. 5년 주기로 기독교대안학교의 현황을 조사해 온 기독교학교교육연구소에 따르면, 1차 조사가 진행된 2006년에는 59개, 2차 조사인 2011년에는 121개, 그리고 3차 조사가 이루어진 2016년을 기준으로는 265개의 기독교대안학교가 설립·운영 중에 있다(박상진·이종철, 2019). 이와 같이 지난 20여년에 걸쳐 기독교대안학교는 양적인 팽창을 거듭해 왔다. 이에 따라 기독교대안학교에 대한 학술적 관심과 관련 연구 또한 근래 들어 활발하게 이루어지고 있다. 대표적으로 여기에는 다양한 기독교대안학교의 유형을 분류한 연구(박상진, 2010), 기독교대안학교의 교육성과를 분석한 연구(강영택, 2010; 이은실·강영택, 2011; 함영주, 2015 등), 기독교대안학교의 재정에 관한 연구(박상진 외, 2019)나 사회변화에 따른 미래 전망 연구(박상진 외, 2015) 등이 있다.

한편, 교육학 연구 분야에서 공동체에 대한 관심이 증가함에 따라 기독교대안학교를 하나의 공동체로 인식하고 그 특성을 탐색해야 한다는 목소리에 힘이 실리고 있다(김선요, 2013; 이정미, 2015). 그러나 이러한 필요성에도 불구하고 공동체의 관점에서 기독교대안학교가 갖는 의미와 특징을 탐색하기 위한 연구는 거의 이루어지지 않았다. 공동체의 관점에서 기독교대안학교를 법제화하는 방안에 관한 연구(김선요, 2013)나 기독교대안학교에서 조직·운영 중인 교사 공동체(teacher community)에 대한 연구(이정미, 2015)가 부분적으로 이루어졌을 뿐, 교사들이 인식하는 공동체로서의 기독교대안학교, 즉 학교의 핵심 구성원 가운데 하나라고 할 수 있는 교사들이 학교라는 공동체를 어떻게 인식하고 있는가에 대한 연구는 찾아보기 어려운 실정이다.

이러한 상황에 비추어 볼 때, 공동체로서의 기독교대안학교에 대한 연구를 통해 학교 공동체에 대한 교사의 인식을 탐색하는 일은 중요한 학술적 의미를 지닌다. 그러나 공동체에 대한 교사들의 인식을 연구하기에 앞서 기억해야 할 사실은 학교라는 '공동체'가 하나의 개념을 갖지도, 고정된 의미를 갖지도 않는다는 점이다(김종훈, 2018). 공동체는 학교를 구성하는 사람들의 면면에 따라, 그들을 둘러싼 다양한 상황과 맥락에 따라 그 의미를 달리한다. 또한 학교와 그 구성원들이 경험하는 다양한 사건과 그들이 걸어온 여정을 통해 공동체의 의미는 변하고, 발전하며, 새롭게 되기도 한다. 따라서 공동체에 대한 교사들의 인식, 교사가 학교 공동체를 어떻게 생각하고 있는가를 탐색하기 위해서는, 공동체에 대해 그들이 가지고 있는 의미가 무엇인지 살펴볼 필요가 있다.

자신이 속한 공동체에 대하여 특정한 의미를 형성하는 일, 즉 의미형성 (meaning-making)은 교사 개인이 학교를 통해 경험한 바, 그리고 그에 대한 해석을 기초로 이루어진다. 구성주의 철학에 기반을 두고 있는 학자들은 어떤 대상에 대해 한 개인이 특정한 의미를 형성해 가는 과정을 '학습'으로 본다는 점에서, 의미형성은 학습과 동일한 개념이다(Hein, 1999). 또한, 학습의 과정으로서, 교사가 특정 대상에 관한 의미를 만들어가는 과정에는 다양한 경험과 그를 둘러싼 상황이 적극적으로 관여한다(Dewey & Bentley, 1949/1991). 그러므로 기독교대안학교 교사들이 인식하는 학교 공동체의 의미는 학교를 구성하는 다양한 사람들과의 상호작용, 아이들을 가르치며 겪게 되는 다양한 삶의 경험, 교육에 대한 자신만의 신념과 가치관 등에 기초를 두고 자신과 공동체를 둘러싼 상황과 환경의 역동적인 개입을 통해 만들어진다.

이 글은 기독교대안학교 교사들이 인식하는 학교 공동체의 의미를 탐색하는 데에 그 목적을 두고 있다. 이를 위하여, 이 연구는 기독교대안학교에 근무하거나 근무한 경험이 있는 여덟 명의 교사의 사례를 대상으로 삼아 질적 사례 연구(qualitative case study)를 수행하였다. 공동체에 대한 교사의 의미형성에 대한 탐색이 중요한 이유는 그 의미를 통해 공동체의 구성원으로서 그들이 경험한 삶의 다양한 양상을 들여다볼 수 있기 때문이다. 또한, 한 개인이 형성한 의미는 다시 '공동체'와 관련된 교사의 삶과 실천 행위에 방향성을 부여(김종훈, 2017, 2018; Turner, 2015)한다는 점에서, 하나의 공동체로서 기독교대안학교 속에서 살아가는 교사들의 삶을 이해하기 위해 탐색할만한 가치가 있다. 질적인 접근을 통해 공동체에 대한 교사들의 의미형성을 살펴보려는 이 연구는 공동체 속에서 이루어지는 교사의 삶의 모습을 드러내 보임으로써, 기독교대안학교 공동체에 대한 우리의 이해를 넓혀줄 것이다.

II. 연구방법

1. 연구 참여자

이 연구는 학교 공동체와 관련하여 기독교대안학교 교사들이 만들어 온 의미가 무엇인지를 탐색하기 위한 것으로, 이를 위해 질적 사례 연구

(qualitative case study)의 방법을 적용하였다.

우선 2019년 5월부터 6월 사이, 연구에 참여할 교사들이 '기독교학교교육연구소'의 도움으로 선정되었다. 이들은 연구의 주제와 방향에 적합하면서도, 기독교대안학교의 유형에 따른 대표성을 가진 사람들이었다. 또한, 가급적 교육 경력과 연령을 고려하여 참여자의 다양성을 확보하고자 하였다. 더불어, 기독교대안학교에 근무한 경력을 가지고 있으나, 면담이 이루어진 시점에서는 학교를 사직한 전직 교사 2인도 연구에 참여하게 함으로써, 보다 객관적인 관점에서 서술되는 기독교대안학교의 이야기에도 귀를 기울이고자 하였다. 그러나 연구에 자발적인 참여 의사를 밝혀 온 전·현직 기독교대안학교 교사 전원이 남성이었기에, 여교사의 입장에서 기술되는 기독교대안학교 공동체에 관한 이야기는 이 글에 담아낼 수 없었다. 이는 참여자 선정과 관련하여 본 연구가 갖는 한계이다.

이렇게 선정된 8인의 연구 참여자의 구체적 정보는 아래 〈표1〉에 기술된 바와 같다. 교직 경력, 소속 학교급, 전·현직 등의 여러 요인을 고려함으로써 학교 공동체에 대한 다양한 교사들의 목소리를 경청하기 위한 연구 참여자를 선정하였다는 점에서 이 연구는 유목적적 선별법(purposive sampling, Maxwell, 1996)을 따랐다고 할 수 있다.

〈표1〉 연구 참여자

구분	성별/연령	교직 경력 (년)	담당 학년 (2019기준)	현직/전직*
A교사	남 / 33	3	중등1	현직
B교사	남 / 32	2	중등1	현직

C교사	남 / 39	10	중등 1-3	현직
D교사	남 / 33	6	중등 & 고등	현직
E교사	남 / 43	8	초등 1	현직
F교사	남 / 40	12	고등 1	현직
G교사	남 / 34	4	초등 4-6	전직
H교사	남 / 36	8	고등 3	전직

* '전직' 2019년 현재 학교를 떠난 교사를 말함.

2. 자료 수집 방법

연구에 참여한 교사들이 형성한 공동체의 의미를 탐색하기 위해 연구자는 면담(interview)을 통해 자료를 수집하였다. 면담에 앞서 연구자는 연구 참여자가 소속된 학교에 대한 기본적인 정보를 수집하였다. 주로 온라인(홈페이지)과 학교별 홍보 책자 등을 기초로, 학교 설립의 주체·목적·시기, 교육 목적, 학교 교육과정 및 특색 활동, 구성원과 최근 교육 활동 등을 통해 학교에 대한 전반적인 이해를 도모하고자 했다.

연구자는 각 학교에 대한 기본적인 이해를 바탕으로, 연구의 목적에 부합한 질문 목록을 사전에 준비하여 교사들과의 면담에 임하였다. 질문은 주로 기독교대안학교 교사들이 가진 공동체에 대한 인식, 공동체를 구성하는 다양한 사람들과의 관계를 탐색하기 위한 내용으로, 구체적인 질문 내용은 다음과 같다.

- 교사 자신: 개인적인 성장 과정이나 신앙의 여정, 학교에 합류하게 된 계기, 현재 맡고 있는 학년이나 업무 등
- 학교 근무: 근무 기간, 보람, 어려움, 학교의 핵심 가치나 비전, 그에 대한 개인의 생각 등

- 학교 리더십(이사장, 교장, 교감 등)과의 관계: 리더십의 교육철학, 관계, 함께 하는 시간이나 기회, 관계에 있어서의 좋은 점과 어려운 점, 기대하는 바, 리더십의 역할에 대한 일반적인 생각 등
- 동료 교사와의 관계: 일상적인 관계, 업무 측면, 수업을 중심으로 한 관계(수업 협의, 팀티칭 등), 회의나 의사결정 과정, 본이 되는 동료 또는 관계에 어려움을 가지고 있는 동료의 사례 등

Seidman(2006: 31)에 따르면, 면담의 목적은 질문에 대한 답을 얻거나, 미리 설정된 가설을 검증하기 위함이 아니며, 다른 이의 생생한 경험과 그 경험이 만들어 내는 의미를 이해하는 것이다. 따라서 연구자는 위 질문에 대한 구체적인 답을 얻으려 하기보다, 질문을 매개로 연구 참여자들과 이야기를 나누는 가운데, 공동체에 관한 경험과 그 의미를 이해하고자 하였다. 연구에 참여한 교사들은 연구자의 질문에 대해 자신의 구체적인 경험과 사례를 중심으로 이야기를 들려주었으며, 연구자는 그들의 답에 따라 면담 현장에서 즉각적으로 질문을 추가하거나 수정하기도 하였다. 따라서 이 연구에 수행된 면담은 반구조화된 면담(semi-structured interview, Patton, 1990)이라고 할 수 있다.

기독교대안학교에 근무하는 교사 8인에 대한 면담은 총 2회(2019년 7월과 8월)로 나누어, 한 명의 교사별로 1시간에서 1시간 20분가량 진행되었다. 모든 면담 내용은 연구 참여자의 사전 동의하에 녹음되었으며, 이를 전사(transcription)하여 분석을 위한 원자료(raw data)로 삼았다.

3. 자료의 분석과 해석

수집된 자료는 면담이 종료된 이후, 즉시 분석되기 시작했다. 면담 자료와 함께, 면담이 진행되는 과정에서 생산된 연구자의 현장 노트(field notes)와 연구 참여자들이 각각 속해 있는 학교(교육)와 관련된 공식적인 문서(교육과 정 문서, 학교 홍보 자료, 홈페이지에 게시된 교육활동 자료 등)가 분석의 대상 에 포함되었다. 연구자는 이 자료들을 반복적으로 읽고 서로 다른 유형의 자 료들을 비교·검토하는 과정을 진행하면서 공동체에 대한 교사들의 생각과 언 급을 중심으로 핵심적인 개념을 도출하였다. 이렇게 도출된 개념은 지속적인 비교와 검토의 과정, 원자료와의 대조를 통해 유사한 개념들끼리 묶는 범주 화 과정을 거쳤다. 이와 같은 과정을 통해 얻게 된 기술적 범주(descriptive category)는 보다 포괄적인 주제를 도출하기 위해 해석적 범주(interpretive category)로 다시 정리되었다(Miles & Huberman, 1994). 개념이 기술적 범주로, 다시 기술적 범주가 해석적 범주로 발전되는 과정에서, 연구자는 모든 유의미한 자료들이 범주에 반영되는 포화 상태에 이르기까지 지속적으로 원자 료에 대한 검토를 반복했다. 최종적으로 도출된 해석적 범주는 다음 Ⅲ, Ⅳ장 에 기술된 연구 결과의 주요 내용을 구성하고 있다.

자료에 대한 분석과 해석의 타당성을 높이기 위하여, 우선 연구 결과의 주요 내용을 연구 참여자들에게 공유하여 그것이 타당한가에 관한 의견을 청취하 였다. 또한, 공립학교와 기독교대안학교 근무 경험을 모두 가지고 있는 경력 교 사 1인과 질적 연구 분야의 전문가 1인으로부터 연구 결과에 대한 조언과 의견 을 받아 최종적인 수정 작업을 거쳤다.

III. 기독교대안학교 교사가 형성해 온 '학교 공동체'의 의미

1. 가치와 철학이 공유되는 장(場)

면담에 참여한 기독교대안학교 교사들에게 있어 학교라는 공동체는 무엇보다도 '가치와 철학이 공유되는 장'이었다. 학교마다 추구하는 교육철학, 우선시하는 가치관에는 조금씩 차이가 있었으나, 기독교대안학교 교사들은 학교 구성원이라면 대부분 공유하는 가치와 철학을 통해 본인이 속한 공동체가 정의될 수 있다고 보았다.

"일단 공동체라고 하는 것은 가장 중요한 건, 저는 가치의 공유라고 생각해요. … 얼마나 중요한 가치를 공유하고 있는가. (중략) 가치를 가지고 있다는 것은 존재할 수 있는 것과 바꾸어버리는 거죠." (F교사)

"일단 ○○학교에서 들려주는 얘기잖아요. 학교에 대해서. 학교가 추구하는 가치. 그 학생들을 지도하는 방침에 대해 저희가 연수를 한 학기 동안 종일 그것에 관한 이야기를 듣거든요. 선생님들과 소통하고." (A교사)

"… 공통된 가치가 있었고, 서로 대화하면서 '이러한 가치가 이 사람들이랑 잘 맞는구나' 그런 게 있었죠. (중략) 서로 비슷한 생각을 하고 있었으니까, '꿈을 함께 꾸자'라고 했던 게 있었어요." (F교사)

실제로 대부분의 기독교대안학교는 저마다 독특한 교육철학과 방향성을 가지고 있다. 그리고 이러한 철학은 학교 교육과정과 교육 프로그램을 통해 구현된다. 우리가 어떤 특정 학교를 떠올릴 때, 동시에 그 학교를 특징짓는 어떤 이미지는 학교가 가지고 있는 가치, 철학과 무관하지 않다. 이렇듯 기독교대안학교는 가치와 철학을 공유하는 공동체라고 할 수 있다.

물론 학교의 설립 초기부터 현시점에 이르기까지 계속 근무한 교사가 아닌 이상, 교사의 입장에서 이러한 가치와 철학은 그들 스스로 만들어온 것이라기보다, 학교의 설립자나 리더십에 의해 이미 형성되었거나, 그래서 '주어진' 경우가 대부분이다. 그럼에도 불구하고, 교사들은 학교의 철학과 방향성에 동의하여 함께 하고자 하는 결심을 하게 되었으며, 학교의 철학과 방향을 개인의 것으로 받아들이는 과정에는 동료 교사의 역할이 중요하게 작용하였다.

"아무래도 학교에 있다는 건 그런 거잖아요. 학교 철학을 어느 정도 공감한다. 학교 철학에 공감한다는 것이기 때문에 그 철학을 같이 공유하려 했던 것 같아요." (G교사)

"그 가치에 대해서 우리 학교에서 얼마나 연구하고 소중하게 생각하는지. 제가 느꼈던 거는 그 교육에 대해서 기독교학교에 있었지만, 기독교적 철학이나 가르침이 부족하다고 느끼거든요. 이 부분에 대해서 선배 교사 선생님들에게 참 배울 게 많아요. 상대적으로 많이 연구하시는 것 같다는 생각이 들어서. 그 점이 배울 점인 것 같아요." (A교사)

그러나 교사들과의 면담을 통해 확인할 수 있었던 것은 학교가 가지고 있는 가치와 철학을 아무런 고민 없이 자연스럽게 개인의 것으로 받아들이지는 않는다는 사실이었다. 교사가 학교의 철학을 수용한다는 것은 곧 공동체의 구성원이 되는 과정과 다르지 않으며, 따라서 거기에는 나름의 타협과 절충의 과정이 필요했다.

교사들이 학교에 오게 된 과정을 살펴보게 되면, 각자 나름대로 기존의 교육에 대한 문제의식과 소명 의식이 뒤섞여 있음을 발견할 수 있다. 그리고 이러한 문제의식과 소명 의식은 실질적으로 현재 속한 학교에 발을 딛게 된 이유와 깊이 연결되어 있다. 교사는 이러한 상황과 배경, 가치관과 신념을 가지고 학교에 오게 되지만, 학교는 이미 나름의 가치와 철학을 정립하고 있기 때문에, 양자 간의 간극이 좁혀지고, 타협과 절충(주로, 교사 입장에서)의 과정이 필요하다. 이러한 과정을 거치고 나면 교사는 공동체의 일부로, 학교의 가치와 철학을 공유하며 살아간다.

"그 가치에 대해서 우리 학교에서 얼마나 연구하고 소중하게 생각하는지. 제가 느꼈던 거는 그 교육에 대해서 기독교학교에 있었지만, 기독교적 철학이나 가르침이 부족하다고 느끼거든요. 이 부분에 대해서 선배 교사 선생님들에게 참 배울 게 많아요. 상대적으로 많이 연구하시는 것 같다는 생각이 들어서. 그 점이 배울 점인 것 같아요." (A교사)

요컨대, 기독교대안학교는 공유된 가치와 철학에 의해 정의될 수 있는 공동체이다. 그러나 교사의 입장에서 이러한 공동체의 일부가 된다는 것은 저절로 이루어지지 않는다. 교사가 인식하는 공동체성은 학교가 가지고 있는 공동의 가치와 철학이 교사 개인의 소명과 신념이 만나는 역동적인 과정을 통해 형성된다.

2. 갈등과 차이의 문제를 해결(해야)하는 공간

여타의 공동체와 마찬가지로, 기독교대안학교 역시 다양한 사람들로 구성된 공동체다. 교사로 한정해 보더라도, 학교에 오게 된 이유와 과정, 교육에 대한 관점, 가르치는 스타일, 타인과 관계를 형성하는 방식 등이 저마다 다르다.

C교사의 말대로 이렇듯 다양한 사람들이 어우러져 만들어진 기독교대안학교는 "하나님이 만드신 다양한 모습의 사람들이 같이 빛을 내는 곳"이라고 할 수 있다.

그러나 다양한 생각과 신념을 가진 사람들이 모여 하나의 집단을 이루게 될 때, 거기에는 차이와 갈등이 존재할 수밖에 없다. 그리고 이러한 차이와 갈등은 다른 여타의 구성원들보다 많은 시간을 함께 지내며, 상호작용해야 하는 교사들 사이에서 빈번하게 일어난다.

"각각 학년마다 선생님이 다르니깐. 그런 것들이 처음에는 좀 많이 어려움이 있었어요. 기독교 학교라는 그 낯선 분위기에서 그런 관계 왜 그걸 따라 해야 해? 내가 저 선생님이랑 다른데... 내가 그걸 따라할 수 없는 부분들도 분명히 있고 내 성향하고 안 맞는 부분이 있는데 그것을 해야 하는 것들로." (G교사)

그러나 차이로 인해 발생하는 갈등 상황에 반드시 부정적인 측면만 있는 것은 아니었다. 기독교대안학교 교사들과의 면담은 갈등을 해결해 가는 과정이 오히려 교사의 성장에도 도움이 될 뿐만 아니라, 공동체성을 다지는 데에 긍정적으로 이바지함을 보여주었다.

"사람들에게 자기 성향을 강요하지 않았어요. 강요하지 않으면서도 공통된 가치가 있었고, 서로 대화하면서 '이 사람들이랑 잘 맞는구나.' 그런 게 있었죠. 거기에서는 어려웠던 거 힘들었던 거 다 나누고. 그래도 그곳이 토론의 장은 아니니까. 일로 만나는 것 외에도 많이 만났거든요." (F교사)

"그것(갈등)을 어떻게 해결해 가느냐 그러면서 … 아, 내가 공동체에 속해 있구나. 우리가 좋은 공동체를 가지고 있구나라는 것을 인식하게 해주느냐 이 문제는 앞으로 과제인 거 같아요." (F교사)

이러한 '다름'의 문제를 해결하는 데에 있어, 교사들은 대화와 소통이 중요한 해결 방법이라고 인식하고 있었다.

"굉장히 친밀하게 옆에서 같이 일하던 사람하고도 싸워야 하고, 생각이 조금씩 다르니까 제가 싸운다고 해서 제 말이 항상 옳은 건 아니잖아요. 그러니까 저도 져야 하는 상황도 생기고. 그러면서 저는 공동체가 나름 형성되어가고 있다." (F교사)

"갈등들이 있으면서 이것을 이제 학교에서 어떻게 해결해나가야 하나, 요즘은 그게 화두에요. … 저희의 가치관의 확인은 면담으로 충분히 되지 않는데 그런 부분은 다룰 수 있는데, 그리고 다르다는 게 확인이 되었을 때, 저희가 그냥 그것이 아이들에게서 어떠한 이야기가 될 때 저희가 이렇게 자세를 취했던 거 같아요. … 선생님들이 그런 부분들을 끊임없이 소통을 하려고 노력을 하죠." (D교사)

많은 대화와 지속적인 상호작용을 통해 서로 간의 차이를 좁혀가려는 노력은 리더십과 교사들 간의 관계에 있어서도 마찬가지였다. 기독교대안학교에서는 리더십과 교사 집단 사이의 의견 차이가 종종 발생한다. H교사가 속한 학교의 사례는, 이러한 상황이 발생했을 때, 교사 입장에서는 리더십이 자신들을 공감해 주기를 기대하지만, 많은 경우 리더십이 교사들을 설득하려고 하거나 그들의 주장을 관철시키려 한다고 받아들임으로써 갈등이 깊어진다는 사실을 보여주었다. 반대로, A교사는 선배 교사 혹은 학교의 리더십과 자주 대화하고 소통할수록 갈등이나 문제가 일어날 수 있는 개연성을 미연에 방지한다고 보았다.

"딴님이 좀 잦아요. 가볍게 딴나는 시간이 좀 있어서. 들어주시는 분위기가 가
장 크지 않나. 보통 업무, 그러니까 직장이면 그렇게 상사가 들어주시는 시간이
적잖아요. 딴나는 시간도 서로 바쁘니까 그런데. 여기는 가볍게 대하면서 그
러는 게 그걸 애초에 갈등 상황을 막지 않나. 그런 게 있는 것 같아요. 갈등
이 있다면 따로 면담을 하시지 않나." (A교사)

갈등과 문제가 없는 공동체는 없다. 다만 공동체에 대한 교사의 인식은 이러
한 갈등과 문제들을 어떻게 접근하고 해결해 가는가에 따라 결정되기도 하고,
이러한 과정이 공동체성을 빚어가기도 한다. 한국의 기독교대안학교가 처한 여
러 여건[2]을 고려해볼 때, 기독교대안학교 공동체에는 많은 갈등 요소들이 내
재해 있다. 다만 이와 같은 '다름'의 문제를 어떻게 접근하고 다룰 것인지가 학
교 공동체를 공동체답게 만든다. 여러 갈등 상황의 위험에 노출되어 있음에도
불구하고, 교사들은 '신앙'을 기초로, '교육'이라는 공통분모 위에 세워진 기독
교대안학교가 이러한 문제를 잘 해결할 수 있는 공간이라고 여겼다. 이렇듯 기
독교대안학교는 갈등과 문제를 건강하게 해결하고, 또 해결해 가야하는 공동
체라고 할 수 있다.

3. 오랜 시간이 빚어내는 자연스러운 산물

면담에 참여한 교사들의 학교는 저마다 다양한 방법으로 공동체성을 형성
하기 위해, 구성원들로 하여금 공동체 의식을 느낄 수 있도록 하는 장치를 가
지고 있다. 거의 모든 면담 참여자들의 이야기로부터 이러한 장치를 발견할 수

079

2) 탈종교화 현상, 한국교회 다음 세대의 위기, 공교육의 강화(박상진·이종철, 2019: 115-124), 재정과
관련된 어려움(박상진 외, 2017) 등

있었는데, 이러한 장치는 크게 교사 개인에 대한 접근 방법(아래 A교사의 면담)과 전체 교사를 대상으로 하는 방법(아래 B교사의 면담)으로 구분해 볼 수 있었다.

"먼저 ○○학교는 신임 선생님들에게도 교육이 많이 들어가거든요. 그러니까 뭔가 체계가 잘 잡혀 있어요. 교육에 있어서 많이 연구하셨고, 그리고 많이 변해오는 과정에서 신임교사 선생님도 어떻게 우리 학교에, 공동체에 같이 속해질 수 있는지 많은 고민을 하셨더라고요. 그런 것들 연수 듣는 것도 굉장히 많았고." (A교사)

"힘든 일들, 예를 들어서 도보여행이라던가, 지리산 종주여행이라던가 이런 육체적으로 힘든 일들부터 해서 어떤 일을 하고 나서 그 뒤에 모여서 함께 피드백해주는 시간도 자주 갖거든요. 그러면서 서로에 대해 서로가 알려주고 몰랐던 나 자신에 대해 알아가고. (중략) 여행을 자주 가는 편이에요. 한 달에 한 번 정도는 가게 되는데, 여행을 갔다 오면 꼭 피드백을 해요. 이번 여행 때 우리가 어땠더라. 이번 여행지 선정이나 예산 집행, 학생들이 스스로 준비하는 영역이 꽤 있어요. 그런 부분에서 어땠고, 다음번에는 이러면 좋겠다. 그러면서 여행을 돌아보기도 하고, 서로 간에 피드백을 해요." (B교사)

각 학교는 이러한 개인 혹은 집단 전체를 대상으로 하는 공식적인 장치를 통해 공동체를 만들어가기 위해 노력하고 있었다.

그러나 굳이 의도하지 않더라도, 시간이 흐름에 따라 자연스럽게, 때로는 공식적인 방법보다 비공식적이고 우연한 기회를 통해 공동체성이 형성되는 경우가 의외로 빈번하게 발견되었다. 우선 "사람한테는 시간이 늘 필요한 것 같아요. 교사들 안에서 다져지고 교사들 공동체를 만들어가는 시간이 필요한 것 같아요"라는 G교사의 말처럼, 공동체의 형성은 절대적인 시간을 필요로 하는 일이었다. 마찬가지로 공동체 구성원 간의 신뢰 형성에도 시간이 필요했다.

"함께 하고. 저희는 일상을 공유하잖아요. 커피 한 잔도 같이 마시고 뭐 있을 때 다 모이고, 이런 교무실의 문화가 좋은 거죠." (C교사)

"저는 학교 초창기 때부터 있었으니깐. 그분들이 저를 아니깐. 그 신뢰를 쌓는 기간들이 이제 더 많죠." (E교사)

앞서 언급한 바와 같이, 공동체성은 모종의 의도된 방법에 따라 형성될 수 있다. 그러나 그것은 한편으로 시간의 흐름에 따라, 자연스러운 과정을 거쳐, 의도하지 않았음에도 형성되는 것이기도 하다.

"선생님들이 … 간단하게 사교 모임처럼 책 읽기를 하거든요. 책 읽기를 하면서 그 안에서 자유롭게 얘기하고. 마무리, 짧게나마 학기 중에 어려웠던 것들 얘기 나누고. 그런 게 공식적으로 좋았고. 비공식적으로는 선생님들, 남자 선생님과 가볍게 스포츠를 즐겨요. 배드민턴 하거든요. 그런 것 하면서 '취미생활도 같이 어울릴 수 있는 게 참 좋다'라는 생각이 들었어요. (중략) 그런 취미를 같이 함께하면서도 연장이 되니깐. 그게 좀 좋았던 것 같고. 공동체에서 같이 흡수해서 들어갈 수 있는 것도 좋았던 것 같아요." (A교사)

"함께 했던 교사들과 의도치 않게 공동체가 만들어졌었죠. 보이지 않는 공동체였죠. 그분들과 서로 위로하고 서로 의지하면서 서로 좋은 교육하면서 서로 위로도 얻고." (F교사)

공동체성이 의도하지 않았음에도 자연스럽게 빚어지는 것이라는 교사들의 말은 인위적으로 공동체를 조직하려고 하거나, 학교 전체를 하나의 공동체로 획일화하려는 노력이 반드시 옳은 방법이 아닐 수 있음을 알게 해 준다. "그냥 모이는 것, 어떻게든. 좋은 사람들끼리 조금씩, 조금씩 모이는 것. 그게 정기적인 모임이 아니지만, 어디 가면 있더라. 가면 또 반겨주더라. 그런 관계들을 만들어가는. (중략) 같이 얘기하고 그렇게 다 만들어갔던 것 같아요"라고 말한 한 교사의 생각은 이러한 사실을 잘 반영하고 있다.

IV. 교사들이 형성해 온 공동체의 의미를 위협하는 요인

앞 장은 기독교대안학교 교사들이 인식하는 '학교 공동체'의 의미에 대해 살펴보았다. 면담 과정에서 교사들은 학교 공동체에 대한 그들의 인식을 드러내는 동시에 그들이 형성해 온 공동체의 의미를 무너트리는 요인이 무엇인지를 빈번하게 언급하였다. 이는 학교 공동체에 대한 그들의 인식을 중심으로 면담이 진행되는 동안 대다수의 연구 참여자로부터 자연스럽게 도출된 내용이었다. 이에 이하 내용에서는 기독교대안학교 교사들이 형성해 온 공동체의 의미를 위협하는 요인을 다음 세 가지 차원으로 정리하고자 한다.

1. 교사의 존재와 자아정체성에 대한 침해

교사가 기독교대안학교에 근무하며 교사로서 가장 큰 만족과 보람을 느낄 때는 언제일까? 개인에 따라 차이가 있을 수 있겠으나, 면담에 참여한 교사들 대부분은 학교 안에서 교사로서 자신의 존재가 인정을 받을 때, 그럼으로써 한 개인으로서의 정체성을 확인할 수 있을 때라고 생각했다.

"저는 ○○학교에서 (근무)할 때가 훨씬 더 많이 제가 더 제 결 더 많이 할 수 있어 좋았던 것 같아요." (G교사)

"○○(학교)에서 오래 있었던 이유는 … 수업의 자율권이 많이 보장이 돼요. … 선생님들은 하고 싶은 것을 마음껏 할 수 있었어요." (F교사)

특별히 교사의 정체성은 가르치는 일과 밀접한 관계를 갖는다. 교사에게 있어 가르침은 정체성이 형성되고, 확인되는 일이자, 자아가 반영되는 행위이기 때문이다. 기독교대안학교 교사들 역시 가르침을 통해 교사로서 자신의 존재와 정체성을 확인하고 있었다.

"○학년을 맡았는데, ○학년은 국어가 선택 과정이고, 그래서 교과서는 폼으로 놓고 제가 교과서 새로 만들어서 썼어요. 그래서 거의 제가 꿈에 그리던 수업을 거기서 다 해본 것 같아요. … 그것에 대한 만족도가 굉장히 컸어요." (F교사)

"어떤 교육적 보람으로는 학교에서 활발하게 신앙을 가르칠 수 있고, 어떤 절제를 해야 할 필요 없고. 또 아이들과 활발하게 그렇게 교제, 교육을 하면서, 이제 뭐 제가 가르치고 싶은 것들을 마음껏 가르칠 수 있으니깐 거기에 대해서 교사로서의 보람됨은 쭉 높아지죠." (T교사)

그러나 학교라는 공동체가 공유하는 가치와 철학이 교사의 정체성을 흔드는 일이 발생할 때, 경우에 따라 공동체의 이름으로 교사가 '나 자신'이기를 포기하도록 요청받을 때, 교사가 가지고 있는 공동체에 대한 소속감은 심각한 위협을 받게 된다. 자기 자신으로 존재할 때 교사가 공동체에 대한 소속감을 느낀다는 것은 반대로 말해 그 정체성에 위협을 받게 되면 개인이 인식하는 공동체성도 함께 위협을 받음을 의미한다.

앞서 말한 바와 같이, 교사의 정체성은 가르침의 행위를 통해 구현된다. 교사는 수업을 통해 자기 자신으로 살아간다. 그러므로 교사에게 있어 가르침이란 곧 그 사람의 존재를 의미한다. 따라서 수업에 '직접적인' 문제를 제기하면 교사는 그것을 자신의 근본적인 존재에 대한 위협으로 받아들인다.

"저의 수업에 대해서도, 사실 저는 이제 교사로서 생각하기로는 수업은 교사의 재량이고, 수업을 어떻게 이끌어가야 할지에 대해서는 교사가 재량껏 자신의 소신을 갖고 아이들을 잘 가르치는 것이 좀 중요하다는 생각을 가지고 있는데, 그 교장 선생님께서는 어쨌든 학교의 가치만은 물론 존중하고 하는데, 제 수업의 방식에 대해서 문제 제기한 것도 있고. 그런 거 저런 것들이 조금씩 쌓이기 시작하면서 ○○○(자기 이름)라는 교사에 의문을 품으셨던 것 같아요."
(D교사)

공동체의 이름으로 교사 개인이 자신이기를 포기할 것을 강요받는 것은 교사에게 있어 학교를 옮겨야겠다고 생각할 만큼, 그리고 일부 교사는 실행에 옮길 만큼 중요한 사건이었다.

"학교를 옮기고, 우리(교사)가 학교의 주체적인 입장으로 근무…" (F교사)

"교육에 대한 가치관의 충돌, 학교를 옮길만한 큰 사건." (D교사)

공동체와의 관계에 있어 교사는 양보할 수 없는 자신만의 마지노선을 가지고 있다. 교사에게 있어 그것은 '수업에 대한 자율과 권한'인 경우가 많았다. 학교가 공동체라는 이름으로 그 선을 넘을 때, 교사로서의 존재와 정체성은 심한 타격을 입게 된다. 이렇게 되면 교사가 가지고 있던 공동체성도 역시 흔들리고 만다.

2. 구성원의 이탈로 인한 공동체의 균열

교사는 기본적으로 다른 이들과의 관계를 통해 학교 공동체에 소속감을 형성한다. 그리고 그 관계는 교사로서의 삶을 지지하는 기반이 된다. 따라서 어떤 이유로 인해 이 기반이 흔들릴 때, 교사가 가지고 있는 공동체성에도 상당한 충격으로 다가오게 된다.

면담에 참여한 교사들에게서 공통으로 발견된 사실 가운데 하나는 교사가 학교를 공동체로 인식하는 과정에서 타인과 맺는 관계의 핵심에 동료 교사와의 관계가 있다는 점이었다. 달리 말하자면, 교사가 학교를 공동체로 인식할 때, 학교를 구성하는 다양한 구성원, 예컨대 학생이나 학부모와의 관계보다는 동료 교사와의 관계가 우선시 된다는 것이다. 교사가 '공동체'를 좁게 정의할 때, 심지어는 학교 리더십을 제외한 일반적인 교사들만을 지칭하기도 했다.

다음 C교사의 말은 다른 구성원들과의 관계에서 겪는 어려움이 교사 공동체를 통해 극복된 사례를 잘 보여준다.

"가장 큰 건 학부모들이 학교교육를 너무 쉽게 생각하는, 학원처럼 생각하는 것이 좀 있었어요. 이게 자기 뜻이 아니면 빼버리고 뭐 이런 것들. 그런 게 대개 너무 그 해가 너무 강했었고. (중략) 그러면서 많이 지쳤던 것 같고 나라서 공교육에서 기독교학교를 바라보고 우리 학교를 바라보면서 돌아올 수 있었던 건 저희 교사 공동체 때문이었던 것 같아요. 저라 함께했던, 지금 있는 선생님들 때문이죠." (C교사)

이렇듯 함께 근무하는 동료 교사, 그리고 그들과 맺은 관계는 교사에게 있어

공동체 안에서 교사로 살아가는 든든한 지지기반이 되어준다. 그렇기 때문에 이러한 삶의 지지기반으로서 동료와의 관계에 원치 않는 단절이 생기면, 교사는 공동체에 대한 신뢰와 소속감을 잃게 되고 만다. 지지기반으로서 동료를 잃는 것은 결국 나를 잃는 것이기 때문이다. 다음 F교사가 겪은 사례는 이와 같은 지점을 잘 보여준다.

"엄청나게 존경스러운 분이에요. 진짜 굳직한 분이었는데, 그분이 나가시게 되면서 충격을 많이 받았어요. … 나름 학교에 계신 분들은 다 내 학교라 생각하고 헌신적인 분들이었는데 거기에서 그렇게 했던 분이 나가시면서 충격을 많이 받았고, 그러면서 다른 꿈을 꾸기 시작했죠. (중략) 힘들게 짐을 짊어지고 일을 한다는 게 그런 일들을 어떻게 보면 수승해가는 일인데, '좋은 동료를 잃고 수승을 한다는 게 무슨 의미가 있는가?' 그런 생각들을 한 거죠." (F교사)

안타깝게도 이 교사에게 있어, 의지했던 동료가 학교를 떠나게 된 일은 리더십을 포함한 학교 공동체에 대해 불신하고 실망하게 된 '결정적 사건[3]'(critical incident, Bohl, 1995; Woods, 1993)이었다. 삶의 지지기반으로서 동료 교사와의 단절을 경험하는 결정적 사건을 통해 교사는 공동체성을 상실하게 된다.

한편, '한 아이'에 대한 관심과 사랑이 많은 기독교대안학교 교사들의 특성상, 정을 주고받았던 아이가 학교를 떠나는 일 역시 교사로서의 삶에 적지 않은 충격을 가져다주는 일이었다. "아, 정말 교사는 이렇게 그런 자신의 소명감을 다시 확인할 수 있는 건가. 학생들에게 좀 감사했어요"라고 이야기한 A교사

3) '결정적 사건'(critical incident)이란 질적 연구의 한 갈래인 내러티브 탐구(narrative inquiry)에서 주로 사용되는 용어로, 한 개인의 가치관이나 세계관을 바꿀 만큼 중요하거나 영향력 있는 사건을 의미함(김영천, 2015: 188).

의 말처럼, 교사들은 대부분 아이들에 대한 사명감과 소명 의식이 있기 때문에 기독교대안학교로 오게 되었고, 교사로서 살아갈 힘을 얻는다. 그렇기 때문에 가르치던 아이를 떠나보내야 하는 상황은 교사에게 공동체의 구성원으로서 적잖은 상실감과 회의감을 갖게 만드는 일이었다.

"가장 어려웠던 것은 지금도 현재진행형이지만, 아이들이 선생님들, 학교에 대해 오해를 갖고 이것은 나에 대한 공격이나, 이것은 나를 이해해주지 않는 다고 생각해서 오해가 비롯되어 학교를 중간에 그만두게 되었을 때. 사실 그 때가 가장 안타깝고 마음이 아프죠." (D교사)

교사의 삶은 학교 공동체를 이루는 여러 구성원들과의 관계 위에서 이루어진다. 함께 일하는 동료 교사, 애정을 담아 가르치는 아이들, 지지와 신뢰를 보내주는 학부모와의 좋은 관계 형성이 교사로서의 삶을 지탱하는 기반이 된다. 따라서 이러한 관계가 원치 않는 일로 인해 끊어지게 되었을 때, 교사의 공동체 (성)는 흔들릴 위험에 처한다.

3. 공동체 내러티브의 단절

공동체성을 무너뜨리는 요인과 관련하여 앞서 살펴 본 두 가지는 공동체에 대한 개인적 차원의 문제와 관련된 것이었다. 다시 말해, 공동체의 이름으로 개인의 정체성이 희생을 요구받게 될 때, 그리고 교사로서의 삶을 지탱하고 있는 관계에 원치 않는 단절이 생겼을 때, 교사 개인이 공동체에 대해 가지고 있는 인식에 균열이 생긴다는 것이다.

이것과 달리 학교라는 공동체의 관점에서 볼 때, 기독교대안학교 교사들은 공동체성이 지속되기 위해서 학교라는 공동체가 만들어 온 이야기(내러티브, Clandinin & Connelly, 2000; Connelly & Clandinin, 1988)가 이어져 내려가야 한다는 데에 동의하고 있었다. 학교가 만들어 온 이야기를 다음 세대에 전수하는 일은 일반적인 학교와 비교하여 교사와 학생이 상대적으로 자주 바뀌는 기독교대안학교의 특성상 공동체를 유지하는 데에 매우 중요한 과업이었다.

"역사와 전통이 있는 해외 공동체들이나 비슷하게 함께 나아가고 있는 다른 공동체를 보면서 많은 자극도 받고 하는데 도전도 받고 하는데…" (B교사)

"기독교학교에서는 그게 아쉬운 점인 거 같아요. 일반 학교에서는 연차를 쌓고 그대로 이동하고 그것들로 가지고 순환을 하다 보니 대개 많은 아이디어도 '다른 학교는 이렇게 하더라'하는 정보를 공유할 수 있고 '이 학교에서는 이렇게 하는데 그것 좀 줘봐 어떻게 해봐' 선생님들끼리 연락도 많이 하시더라고요. 그런데 기독교학교는 그냥 그 학교만을 위한 선생님인 게 많아요. (중략) ○○(학교 이름)같은 경우도 지금 설립할 때부터 남아계신 선생님이 없으세요. 그건 되게 큰 차이인 것 같아요. 학교에서 학교에 대한 마음이라든지 아니면 학교가 어떻게 운영했었고, 그것을 알려줄 수 있고 없고의 차이는 되게 큰 것 같더라고요." (G교사)

면담에 참여한 저경력 교사들은 선배 교사로부터 학교에 관한 많은 이야기를 전해 듣는 일에 중요한 의미를 부여했다. 그들은 학교의 문화, 학교가 일구어 온 역사를 전해 듣는 과정을 통해 학교 공동체 안으로 한걸음 더 다가갈 수 있었다고 이야기한다. 또한, 그들 자신에게도 공동체를 유지하기 위해 학교의 이야기를 다음 세대에 전수해야 할 책임이 있음을 인식하고 있었다. 경력이 쌓여 선배 교사의 위치에 가게 되었을 때 후배들에게도 동일하게 "학교가 추구하는 가치에 관하여 이야기를 들려주고 싶다"는 A교사의 말은 학교의 이야기가 전수되는 일을 얼마나 가치 있게 여기는가를 보여준다.

한편, 공동체를 유지하기 위해 학교 공동체가 만들어 온 이야기를 전수하는 과정에는 '학교 리더십의 이양'이 포함되기도 한다. 설립자 혹은 오랜 기간 리더로서 학교를 이끌어 온 사람이 가진 생각과 철학은 학교 공동체 전체의 방향성에 결정적으로 관여한다. 따라서 리더십을 중심으로 만들어 온 학교의 공동체성이 다음 세대에 전수되는 일은 학교 공동체의 존속과도 밀접하게 관련이 있다.

"그런데 이제 가장 중요한 거는 ○○○(학교장)이 연세가 많으세요. 건강도 좋다고 할 수 없고, 설립자이기도 하시고 공동체의 대표로 이끌어 오셨는데, 이제 ○○○이 안 계신 뒤가 자연스럽게 생각이 나는 거죠. 그 이후를 위해서 더 잘 쌓아놔야겠다. 지금까지 해왔던 것보다 더 우리 스스로들을 단단하게 쌓아놓고 더 열어놓고 여러 가지 과제들을 안고, 일단은 언젠가 올 일이지만 현재로서는 그게 가장 큰 뭔젯거리라기보다는 중요한 이슈라고 생각합니다." (B교사)

"이 공동체가 얼마나 귀하고 소중한 것인지 모르고 그러면… 어느 순간에 떠들 수 있지 않을까." (C교사)

어떤 학교의 역사가 20년 되었다고 해서, 이 학교 '공동체'가 반드시 20년이라고 볼 수는 없다. 공동체를 이루는 구성원이 바뀌고, 새로운 교사들이 주류를 이루게 되면, 그 동안 공동체로서의 학교가 만들어 온 이야기(공동체성, 문화, 축적된 철학과 가치 등)는 사라질 수도 있다. 학교 공동체의 이야기는 다음 세대에게 저절로 이어져 내려가지 않는다. 개인 차원의 틀을 넘어서서 학교라는 공동체 차원에서 생각할 때, 기독교대안학교 교사들은 학교의 공동체성이 무너지지 않기 위해, 학교의 이야기, 공동체의 내러티브가 유지되고 전수되어야 한다고 보았다.

V. 논의 및 제언

공동체는 유기체와도 같아서 고정된 하나의 개념을 갖지 않는다. 학교마다 가지고 있는 공동체의 의미는 다르며, 하나의 학교 내에서도 시간과 역사가 축적됨에 따라, 그것을 이루는 다양한 구성원들에 따라, 공동체는 계속해서 그 의미는 변하고, 더해가며, 바뀌기도 한다. 이러한 관점에 기초하여, 이 연구는 한편으로 교사들이 학교라는 공동체를 어떻게 인식하고 있는지, 다른 한편으로 그들이 형성해 온 공동체성을 무너뜨리는 요인은 무엇인지를 탐색함으로써 기독교대안학교 교사들에게 있어 '학교 공동체'가 갖는 의미가 무엇인지를 살펴보았다. 요컨대, 기독교대안학교 교사들에게 있어 학교 공동체는 가치와 철학을 공유하는 장이었으며, 다양한 구성원들로 인해 발생하는 갈등과 문제 상황을 해결하는 공간이자, 오랜 시간을 함께 하는 과정에서 자연스럽게 형성되는 산물이었다. 그러나 동시에 그들은 학교를 통해 형성해 온 공동체성이 공동체라는 이름으로 개인의 정체성과 존재를 침해할 때, 구성원(대표적으로, 동료교사나 학생)이 공동체로부터 이탈함으로 인해, 공동체가 형성해 온 고유의 이야기가 단절됨으로 인해 위협을 받는다고 보았다.

공동체에 대한 교사들의 인식의 구체적 면면은 다를 수 있으나, 기독교대안학교 교사들이 인식하는 공동체의 의미와 이에 대한 위협 요인을 탐색한 연구

결과를 바탕으로, 향후 기독교대안학교가 바람직한 학교 공동체를 형성하기 위하여 다음과 같은 제언이 가능하다.

무엇보다도 기독교대안학교, 특히 학교의 리더십(이사회, 교장, 교감 등)은 교사들이 공동체와 관련하여 긍정적이고 바람직한 의미를 형성할 수 있는 기회를 마련하는 데에 관심을 기울일 필요가 있다. 연구의 사례들에 비추어 볼 때, 이러한 기회는 학교의 공식적인 행사는 물론, 동료 교사들과의 비공식적·비형식적인 관계를 통해 부여되는 것이었다. Turner(2015)가 주장한 바와 같이, 한 개인은 그가 형성한 의미를 토대로 공동체의 구성원으로서 각자의 삶을 영위해 나간다. 이러한 사실에 비추어 볼 때, 교사들은 학교라는 공동체에 관하여 좋은 의미를 형성할 수 있도록 다양한 기회를 제공받을 필요가 있다. 주목해야 할 것은 기독교대안학교 교사들이 인식하는 가장 중요하고도 우선시되는 공동체는 무엇보다도 교사 공동체라는 사실이다. 즉, 기독교대안학교 교사에게 있어 함께 공동체를 이루는 동료 교사는 "가장 든든한 지원군"(B교사 면담 중에서)이었다. 그들에게 있어 동료 교사들과 함께 이루는 공동체는 "학교 안에서 학부모님들 때문에 힘들고, 학생 때문에 힘들고, 리더십 때문에 힘들기도 하지만, 교사 공동체 안에서 그런 일들을 서로 다 용납하고 함께 그런 공동체"(C교사)다. 교사는 동료 교사들과 함께 이루어 온 공동체에 대한 의미를 토대로 다양한 학교 구성원들과의 관계를 만들어가고, 의미를 형성해 간다. 동료 교사들과의 관계로부터 공동체에 대한 좋은 인식을 획득하게 될 때 이렇게 형성한 의미를 바탕으로 공동체 구성원으로 살아가게 되는 것이다.

또한 기독교대안학교 공동체는 그 학교가 형성해 온 공동체성을 저해하는 여러 위협 요인들이 무엇인지를 면밀히 탐색하여 이를 방지하거나 극복하기 위한 노력을 기울일 필요가 있다. 이 연구의 사례에서 확인할 수 있었던 사실은 개인의 노력보다도 공동체 차원에서 접근하고 해결하기 위한 노력이 보다 중요하다는 점이었다. 예컨대 면담에 참여한 많은 교사들이 어떤 사안에 대해 깊이 논의하고, 소통하는 과정이 기독교대안학교라는 학교 공동체를 공동체답게 만드는 중요한 요인으로 생각하면서도, 동시에 잦은 회의와 긴 시간을 요하는 숙의(熟議) 과정이 이들을 육체적으로나 정신적으로 지치게 한다고 생각했다. 이는 성찰하고 공유할수록, 가르치는 일에 마음을 쏟을수록 업무에서 오는 만족감과 보람은 높아지지만, 동시에 업무 피로도 또한 높아지거나 사적인 삶(가정생활 등)의 희생이 따르기 때문이었다. 또 다른 예로써, 기독교대안학교는 기독성과 대안성을 추구할수록 학교의 설립 목적과 취지에 충실하게 되나, 이것이 재정 자립도와 학교의 존속 가능성에 위협이 될 때, 학교 운영의 방향성에 있어서 선택의 딜레마를 겪고 있음이 여러 교사들의 면담을 통해 발견되었다. 면담에 참여한 교사들은 기독교대안학교의 설립 취지에 적합한 교육을 위해 "작은 학교를 지향"해야 한다고 생각하였으나, 이것이 학교의 재정 건전성과 안정적인 운영에는 부정적인 영향을 미친다는 사실 또한 절감했다. 이와 같은 문제들은 개인 차원의 노력으로 해결하기에 어려운, 공동체 차원의 제도와 문화를 개선하는 일을 통해 접근되어야 할 성격의 것이다. 기독교대안학교가 직면하고 있는 다양한 문제들을 공동체 차원에서 효과적으로 접근하고 해결해 나가려는 노력을 통해 건강한 학교 공동체를 유지할 필요가 있다.

비록 이 연구는 여덟 명의 교사와의 면담을 통해 다소 제한적인 방법으로 수행되었으나, 우리로 하여금 기독교대안학교 교사들이 형성한 공동체의 의미를 이해함으로써, 이들의 삶의 양상을 보다 깊이 이해할 수 있도록 하는 데에 도움을 준다.

그러나 한편으로 연구자는 기독교대안학교 교사들과의 면담을 진행하는 동안, "이미 소진될 대로 소진된 사람들"(H교사)에게 공동체에 대해 좋은 의미를 만들어가도록 권면하고, 또 그것을 토대로 공동체적인 삶을 살아가도록 제안하는 것이 과연 옳은 일일까 하는 회의감을 갖기도 하였다.

 "한창 다 사르고 재가 나왔는데 거기에다 또 불 때는 건 쉽지 않죠. 오히려 판을 바꿔줘야겠죠. 판을 바꿔서 새로운 시스템을 담아주고, 그들도 그렇게 대우해줘서 'refresh를 하는 게 맞다'라고 생각해요. 그런 점에서 선생님들께도 힘을 내라고 말씀드리고 싶어요." (H교사)

면담을 통해 연구자가 갖게 된 기독교대안학교 교사의 이미지 중 하나는 긍정적인 의미에서든, 부정적인 의미에서든 '떠날 때를 준비하는 사람들'이었다. 어떤 교사들은 공동체에 대한 신뢰와 기대가 무너지는 경험으로 인해 학교에 등을 돌리기도 했고, 또 다른 교사들은 자신의 꿈(대안교육과 관계가 있든, 그렇지 않든 간에)을 이루기 위해 학교를 떠나기도 했다. 그러나 기독교대안학교가 가진 불안정한 상황과 여건에도 불구하고 교사들이 여전히 학교에 몸담고 있는 이유는 자신을 향한 하나님의 부르심, 동료 교사와 만들어 온 끈끈한 관계, 아이들에 대한 사랑 때문이었다. 그리고 이 세 가지는 서로 긴밀하게 연결되어 있었다.

면담을 마치며 '기독교대안학교 교사로서 학교 공동체에 바라는 바에 관하여 한 교사가 했던 말은 이 글이 끝으로 제언하고자 하는 이야기를 잘 담고 있다.

"기독교대안학교를 간다는 것, 거기서 선생님을 한다는 것 다른 거 보고 하는 것 아닌 거 같아요. 돈이나 여유나, 삶의 질이나. 이런 게 아니라 사명이 진짜 많은 부분을 차지하고 있다고 생각하거든요. 그 사명, 거기서 오는 좋은 피드백, 어떤 성취, 이런 것들을 같이 나눌 수 있는 공동체가 되면 좋겠습니다. 학교에서 아이들을 가르치고 아이들한테 뭔가 주기만 하는 것들이 아니라, 내가 이 학교에서 역할이 교사, 가르치는 사람으로 끝나는 게 아니라 학교를 같이 만들어가는 사람, 학교에서 뭔가를 같이 하나님의 나라를 만들어가는 사명과 성취감을 느낄 수 있도록 해주시면 좋겠습니다. 사실 월급 안 되고, 일의 양(을 줄이는 것)도 안 될 것 같고, 이거 한 가지. 그런 것들을 만들 수 있는 공동체를 정말 만들 수 있게 해주시면 좋겠습니다." (G교사)

교사는 하나님으로부터 온 소명, 동료 교사와 맺은 관계, 아이들에 대한 사랑을 통해 학교를 '공동체'로 받아들이고, 공동체의 일원으로 살아간다. 앞서 살펴보았듯이, 공동체성을 이루는 요소들이 흔들리거나 위협을 받게 될 때, 교사들의 공동체는 심각한 위험에 처하게 된다. 기독교 교육, 대안교육, 학교에 관하여 저마다 다른 이해, 가치, 철학, 목적을 가지고 있는 다양한 구성원들을 아우르는 힘은 결국 소명 의식, 동료애, 사랑으로부터 나온다. 교사들이 자신을 향한 부르심과 아이들을 향해 가지고 있는 사랑이 식지 않도록, 더 깊어질 수 있도록 돌보는 것이 기독교대안학교 공동체를 공동체답게 만들어갈 수 있는 가장 중요한 길이다.

대안학교 교사로 10년 가까이 근무하며
최근 세대가 변화하고 있다는 생각이 들어요.
요즘은 새로 들어오는 교사들에게 어떻게 학교 이야기를
전수할 수 있을지 고민하고 있어요. 초창기 학교
설립부터 함께 해온 교사들과 새로 들어오는 다음세대
교사들 간 공동체의 이야기가 어떻게 전수될 수 있을까요?
교사 뿐 아니라 학부모들도 세대가 달라지는데
어떻게 학교 공동체의 이야기를 이어갈 수 있을까요?

함께 생각할 질문

이 장과 관련된 자신의 경험을 되돌아보고 함께 생각을 나누어보세요.

1. 기독교대안학교 교사가 형성해온 '학교 공동체'의 의미 중 가장 인상 깊은 것은 무엇인가요?

2. 기독교대안학교 교사가 형성해온 학교 공동체의 의미를 위협하는 요인에는 무엇이 있나요?

3. 학교 공동체를 만들기 위해 꼭 필요한 것은 무엇이라고 생각하나요?

제3장

전윤성

이은실 교수

_ 연세대학교 교육학과(B.A.)
_ University of Chicago(M.A.)
_ Harvard University(Ed.D.)
_ 현, 한동대학교 교육대학원 교수

제3장

기독교대안학교 교사의
전문성은 무엇이고,
어떻게 신장되는가? [4]

I. 들어가는 말

기독교대안학교 교사들은 전문가로서 어떤 전문성을 가지고 있으며, 그 전문성은 어떻게 성장하는가. 이 연구는 기독교대안학교가 세워지고 연합체가 생기기 시작한지 20여 년이 되는 현 시점에 과연 대안학교 기독교사의 전문성이 무엇인지 돌아보고 이들의 전문성이 성장하는 방식을 찾아보는 것을 목적으로 한다. 기독교대안학교의 교사전문성에 대한 검토가 새롭게 부각되는 데에는 여러 배경이 있다. 먼저 기독교대안학교가 세워지고 자리 잡는 동안 교사양성교육이나 교사재교육이 다양한 방식으로 실행되고

....

4) "기독교대안학교 교사들의 전문성 영역과 성장 방식."
   본 장은 『기독교교육논총』, 제63집(2020. 9.), 183-220에 게재되었습니다.

있으나 현장 교사들이 인식하고 고민하는 교사전문성의 이슈가 무엇인지에 대한 탐색이 부족했다는 자성에서 비롯된다. 한국사회에서 기독교대안학교 운동이 이어지고 활발해지기까지는 현장 전문가인 교사들이 기여한 역할이 큰 것을 인정하는 만큼 그들의 삶, 특히 기독교사의 정체성에 기여하는 교사전문성이 어떤 방식으로 성장하는지, 어떤 도움이 필요한지를 한 목소리로 묶어내는 작업이 필요하였다.

기독교사의 교사전문성에 대한 관심은 기독교대안교육의 질적 수준을 향상시키고자 하는 면에서도 중요하다. 매 5년마다 기독교대안학교 실태를 파악해온 기독교학교교육연구소에 의하면 2006년 59개교, 2011년 121개교에서 2016년 3차에는 265개교로 급격한 증가추이를 보이는 것으로 파악된다. 대안교육의 질 향상에 크게 기여하는 교사의 삶과 역량에 대해 조명하는 것은 지난 20년간 양적으로 팽창한 기독교대안학교가 그에 버금가는 질적인 성장을 이어가는데 중요하다. 국내 일반 학교의 교사를 대상으로 하는 교사전문성에 대한 연구는 지속적으로 수행되어지고 있으며 그 결과에 따라 교원양성 정책이나 교육과정 변화 등 제도적 조율이 이어지고 있다. 경제협력기구(OECD)에서 매 5년 시행하는 교원 및 교직환경 국제비교연구 TALIS(Teaching and Learning International Survey: TALIS)의 최근 결과를 보면 한국 교사들의 직무만족도와 자기효능감이 낮다고 한다. 그리고 그 이유로 전문성 개발 활동, 교육연구, 멘토링 등을 위한 시간 부족을 요인으로 보기도 하고 참여국 29개국 중 23위인 자율성 부족을 원인으로도 본다(김이경&김현정, 2014; 허주 외, 2015). 국내 기독교대안학교 교사들은 어떠할까. 특히 자율성은 전문성이 발휘될 수 있는 핵심적인 작동 기제라 하는데, 교육의 자율성 폭이 넓은 기독교대안학교 교사들이 전문성 개발을 위해 어떤 영역에서 어떤 노력을 하는지 파악하고 그에 따른 제도나 교직환경을 제안해야 한다.

기독교사의 교사전문성에 대한 검토는 기독교대안교육의 지속가능성을 추구하고 그 중심에서 교사가 중요하게 역할 하기를 기대한다는 면에서도 중요하다. 사회의 변화에 따라 교육이 변하고 학교가 변하고 교사에 대한 기대도 변하고 있다. 최근 교직사회에 '탈전문화'라는 용어가 등장한다. 탈전문화라는 현상은 교직이 전문직으로 갖는 또는 가져야 하는 특성을 잃거나 채우지 못하는 것이며 교직의 위상과 전문성이 약화되는 현상을 의미한다(허주, 2019). 시대의 변화와 기술의 발전 등으로 교직의 위상이 약화되고 업무가 표준화되는 현상, 교사와 학부모의 학력격차 감소, 학생과 학부모의 요구 변화, 기술 발전으로 인한 교육내용과 방법의 변화 등 다양한 원인들이 소개되기도 한다. 결국 교사의 탈전문화는 기존의 전문성에 대한 기준에서 벗어나 교직을 보는 관점의 변화, 교사 전문성에 대한 재점검을 의미한다고 볼 수 있다. 그렇다면 기독교대안교육에서의 교사 전문성 역시 기독교대안학교가 서 있는 현 사회 환경에서 기독교사 전문성에 대한 재고가 필요하다.

지난 몇 년간 학계에서는 4차 산업혁명사회를 주제로 하여 교육의 변화를 예측 분석하여 준비하려는 노력이 활발했다(임창호, 2018; 김효숙, 2019). 4차 산업혁명사회에서 강조하는 융합, 연결, 공동체 등의 주제어나 그에 따라 융합, 협업, 공동체, 네트워크, 감성을 강조하는 교사 역량(임종헌 외, 2017)은 기독교대안학교에서 담아내고자 하는 교육의 모습과 닮은 부분이 많다. 그런 면에서 기독교대안학교는 현 시대의 흐름을 선도하는 교육을 펼쳐 보일 수 있는 좋은 기회를 맞은 셈이다. 4차 산업혁명사회에서 강조하는 전문성은 단순히 전문성을 갖추기 위한 교육이나 훈련 뿐 아니라 전문가가 그런 전문지식이나 기술을 자율적으로 활용하고 제공하며, 그 과정에서 이뤄지는 신뢰관계까지를 의미한다(Freidson, 2001). 교사 자율성이나 신뢰의 공동체는 기독교대안학교의 특징으로 자주 설명되는 바 이 시대는 기독교대안학교가 교육의 워아임이 부각시키는 기회가 될 수 있겠다.

이런 배경 하에 본 연구는 '기독교대안학교 교사들은 어떤 전문가인가, 그리고 그들의 전문성은 어떻게 성장하는가'라는 두 질문을 집중적으로 탐색하고자 한다. 이를 위해 먼저 교직 전문성의 의미와 요소에 대한 연구결과를 종합 분석하고자 한다. 이런 선행연구의 기반 위에 설문조사와 인터뷰를 병행한 혼합연구방법으로 국내 기독교대안학교 교사들의 전문성 요소와 성장방식에 대한 자료를 수집하고 분석하고자 한다. 이 연구는 향후 대안학교 교사들의 성장을 돕기 위한 방향을 제시할 것이며 나아가 변화하는 이 시대에 기독교 학교교육의 구체적인 모습을 그리는데 도움이 되고자 한다.

II. 교사 전문성의 의미와 요소

1. 전문성 개념 영역과 요소에 대한 이해

일반적으로 전문성이란 특정 분야에서 필요로 하는 전문적 지식이 있고, 그 일을 수행하는데 자율성과 책무성이 따르며, 가치판단과 윤리가 요구되는 개

넘이자 그 분야에 필요한 특별한 지식, 기술, 태도가 요구되는 것으로 말한다 (주영주 외, 2006). 이러한 의미에서 교사에게 전문성을 기대하고 전제하게 되며 교사전문성은 교사에게 주어진 업무를 수행하는데 필요한 능력, 자질, 성향, 가치, 기술, 행동양식 이라는 포괄적 접근이 통상 받아들여진다(김혜숙, 2003). 그럼에도 이런 포괄적 개념을 구체화시키고자 할 때에는 여전히 어려움이 있다. 교사가 하는 일이 복합적이고 역동적인 이유도 있고, 사회의 변화에 따라서 교사에게 기대하는 역할이 변화하는 때문이기도 하다. 이런 어려움으로 인해 교사전문성을 비교적 체계화가 용이한 수업에 초점을 두고 수업 혹은 교수에서의 전문가(expert in teaching)로 재개념화하여 전문성의 요소를 탐색하거나 기준을 개발하기도 한다(이옥화&장순선, 2018; 주영주 외, 2006).

교사전문성을 개념화하는데 가장 많이 쓰이는 접근은 조동섭(2005)가 제안한 지식기반, 신념기반, 능력기반의 세 영역 모형이다. 이 모형은 교사의 전문성을 지식, 능력, 신념으로 구분하여 총체적인 접근을 한다는 특징이 있다. 구체적으로 살펴보면 먼저 지식기반 전문성에서는 교과내용에 대한 지식과 일반 교육학지식, 교과수업에 대한 지식, 즉 PCK(pedagogical content knowledge)를 구성하는 지식을 다루고 있다. 특히 학생의 전인적 발달과 학생 다양성에 대한 이해는 일반 교육학지식에서 중요한 부분을 차지한다. 다음 능력기반 전문성은 수업설계 및 운영과 관련된 수행능력, 의사소통과 학급경영능력, 학생상담과 생활지도, 활동계획 및 실천능력 등이 포함된다. 마지막 신념기반 전문성은 소명의식, 교직관, 인성이 포함되는데 인성의 구체적 요소는 자긍심과 희생정신, 사랑 등이 포함된다.

　실제 교육현장에서 이 모형을 적용할 때 각 전문성의 세부요소는 학교현장의 특성에 따라 다를 수 있다. 예를 들어 혁신적 교육을 지향하는 학교에서는 실천능력 전문성에 미래사회 대처능력을 포함할 수도 있고, 신념기반 혹은 태도기반 전문성의 요소로서 평생학습자로서의 교사를 강조하여 자기계발과 자기성찰적 요소를 포함하기도 한다.

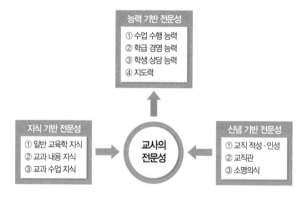

[그림1] 교사전문성의 개념구조 (출처: 조동섭, 2005, p.7)

　위 모형에서 능력기반 전문성은 최근 '무엇을 수행할 수 있는가'라는 역량을 강조함에 따라 '능력' 보다는 '수행'에 초점을 둔 수행기반 전문성 혹은 실천능력 전문성으로 명명하는 것이 더 적절하다. 능력기반전문성에서 수행능력을 강조하여 구체적인 능력과 역량으로 표현한 예는 미국 교사전문성위원회(NBPTS, The National Board for Professional Teaching Standards)의 기준에서 엿볼 수 있다. NBPTS는 교사가 갖출 역량으로 다섯 가지를 제시하고 있는데, 학생과 학생들의 학습에의 헌신, 교과와 교과 가르침에 대한 지식, 학생 학습 관리와 모니터링의 책임, 교사활동에 대한 성찰과 개선, 교사 학습공동체 참여와 협력이 그 다섯 가지가 그것이다.

사회의 변화에 따라 교원전문성에서 어떤 역량을 강조하게 되겠는가. 현 사회의 변화에 따라 학교의 모습과 교사가 갖출 역량의 변화를 탐색한 임종헌 외 (2017)의 연구가 흥미롭다. 연구자는 학습내용이 디지털화되고 공개되는 환경에서 울타리 없는 학교에, 학제는 유연화되고, 융합수업이 일상화되리라 본다. 그리고 학교는 구성원들이 다양한 네트워크로 연결되는 공동체로서 기능하고 인성중심 교육의 장이 될 것으로 본다. 이런 경우 교사에게는 기존의 수행능력 요소(예: 수업실행, 교실운영 등)보다 융합적인 교육과정 재구성 역량, 협업 및 의사소통 역량, 외부의 다양한 인적 물적자원과 네트워크할 수 있는 역량, 지역-국가-세계의 구성원에게 요구되는 가치와 태도를 갖는 공동체역량, 인간을 이해하고 소통하는 정서와 사회성을 갖추는 감성 역량이 강조될 것으로 전망한다.

교사전문성이 학교현장에서 제한 없이 발휘될 때 의미가 있다고 본다면 과연 어떤 여건에서 교사전문성이 발휘될 수 있을까. 교사전문성은 자율성과 신뢰의 환경이 꽃피운다. OECD(2005)에서도 교사의 전문성과 자율성은 불가분의 관계로 보고 있다. 즉, 전문성은 그 특성상 자율성을 갖고 전문적 지식과 기술을 활용하는 것이 핵심이며 이 전문성을 통해 교육현장의 구성원들이 서로 신뢰하게 된다고 본다.

2. 교사 생애주기의 관점에서 보는 전문성

교사의 생애주기에 따라 교직을 시작하는 초임 교사의 시점부터 학교 부서의 리더가 되어 활동하는 시기, 학교의 리더가 되어 행정을 총괄해야 하는 시기가 있으며 이에 따라 전문성의 영역과 내용이 달라질 수 있다. 교사의 경력에 따라 필요한 전문성을 구분하고자 할 때 흔히 '발달론적' 혹은 '생애주기적' 구분을 하게 된다. 둘 다 교사의 경력에 따라 구분하다는 점은 비슷하나 개념적인 차이가 있다. '발달론적' 접근은 여타 발달이론과 마찬가지로 교사가 교직에 있는 동안 일정한 발달의 단계를 밟게 되어 개념적으로는 최종 지점이 있게 된다. 숙련, 완숙, 성숙 등의 용어가 종종 최종 지점으로 사용된다. 이에 비해 생애주기적 접근은 교직 시작부터 퇴임까지의 과정에서 일련의 변화를 경험하게 되나 이 변화는 인생주기 뿐 아니라 개인이나 조직의 환경에 따라 역동적이고 복합적으로 작용한다는 점, 지속적인 조정과 성찰이 과정마다 필요하게 된다(손성호&임정훈, 2017). 기독교대안학교는 학교마다 교육철학과 운영의 강조점이 달라서 기독교대안학교 교사의 전문성은 생애주기적으로 접근하는 것이 개념적으로 더 적합할 것이다.

선행연구를 참고로 하여 교사의 생애발달단계를 구분해보면 〈표1〉과 같다. 지난 10년 생애발달주기를 다룬 연구의 특징을 보면 먼저 생애발달은 교직 시작부터 퇴직까지의 기간으로 보고 점차 성숙하는 흐름을 보인다. 또, 순차적 특성이 있지만 개인이나 현장의 상황에 따라 단계를 건너거나 한 주기에도 여러 성향을 복합적으로 보일 수 있다. 손성호와 임정훈(2017)이 교사면담을 통해 도출한 주기별 역량군을 보면 적응기, 자립기 성찰기로 발달할수록 수업전문성, 상담학급운영, 업무행정 모두 수행수준이 높아지는 패턴을 보였다. 특히 첫 단계인 적응기와 다른 두 주기와의 차이가 커서 적응기를 통해 역량이 크게 성장한다고 유추할 수 있다. 학생이해역량만 집중적으로 살펴보았던 김희규(2018) 연구에서도 다른 경력집단에 비해 교사직 입직기의 수준이 낮게 나타나 저경력교사 대상으로 생활지도 및 심리상담을 위한 학생이해역량 함양을 제안한 바 있다.

이런 선행연구의 결과는 교사로부터 교사전문성에 대한 인식을 수집하고자 할 때 참여자의 생애발달주기에 대한 고려가 있어야 함을 말해준다. 과연 각 주기의 기간이 어떻게 되는가. 이 분야의 가장 최근 연구인 김희규(2018)는 5년 미만, 5-10년, 10-20년, 20년 이상의 구분을 활용했고 각각 입직단계, 성장단계, 발전단계, 심화단계라고 불렀다. 교사의 전문성을 교사의 생애발달에 따라서 파악하고자 하는 접근은 교사전문성을 선언적으로 규정하기보다 교사의 교육현장경험과 상호작용한 결과로 이해한다는 면에서 의미가 크다. 따라서 교사들의 전문성 인식과 개발을 파악하고자 할 때 이들의 전문성 개발의 노력이 교실환경과 동료 간 협업 등 학교배경 안에서 어떻게 수행되는지 고려하는 것이 필요하다.

〈표1〉 교사의 생애발달 흐름

연구 사례	흐름
조대연 (2009)	존재단계 ⇨ 조정단계 ⇨ 성숙·승진지향 단계
김정원 외 (2011)	열정기 ⇨ 성숙기 ⇨ 성찰기
박준기 (2011)	전문성 형성 ⇨ 적용기 ⇨ 심화기 ⇨ 확산기
조우연 (2012)	초임 ⇨ 발전 ⇨ 심화 ⇨ 원숙
손성호 (2016)	적응기 ⇨ 자립기 ⇨ 성찰기 (각 기마다 정체기 존재)
김희규 (2018)	입직기 ⇨ 성장기 ⇨ 발전기 ⇨ 심화기

3. 교사의 전문성 개발

교사의 전문성 개발은 교사 및 교육업무를 담당하는 사람들의 전문 지식과 기술, 역량과 자질 등의 전문성 신장을 위한 활동으로 정의한다(OECD, 2005). 김이경과 김현정(2014)는 OECD 교수학습국제조사인 TALIS 자료를 활용하여 한국 교사의 전문성 개발 실태를 진단한 바 있다. 전문성 개발 참여수준과 강도, 프로그램 유형, 프로그램 요구, 프로그램 효과, 전문성 개발 저해요인을 살펴본 결과, 한국교사들은 전문성 개발 활동 참여도가 높았으나 편차가 심했고 교사들이 필요로 하는 교육요구 반영정도나 효과성은 높지 않은 것으로 나타났다. 교사전문성 개발 활동의 효과를 메타분석한 경우 기관중심 교사전문성 개발활동보다는 교사중심 활동의 효과가 더 크게 나타나며 단발성보다는 장기적이고 지속적인 접근이 필요하다(허주&최원석, 2019).

그렇다면 교사전문성과 전문성 개발의 노력은 학교라는 맥락 안에서 어떻게 상호작용하며 어떤 결과를 보이게 되는가. [그림2]는 OECD가 TALIS 조사를 수행하며 제시한 교사전문성과 환경 개념도이다. 맨 좌측편의 교사전문성이라는 교사 배경이 학교라는 배경 속에서 전문성 활동을 통해 성장 발전하고 그 결과 교사효능감과 만족으로 이어진다고 개념화하였다. 그러나 이런 개념적 흐름을 교육현장의 구체적 사례를 기반으로 하여 분석한 경우는 제한적이어서 다음 개념도는 실증적 접근이 필요하다.

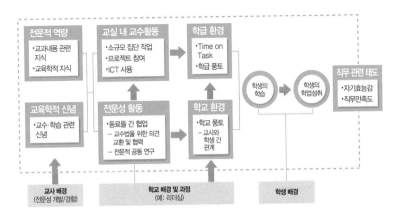

[그림2] 교사의 교수활동과 직무환경 개념도(출처: 허주 외, 2015, p.28)

III. 연구 방법 및 절차

1. 연구설계

본 연구는 교사전문성의 의미와 성장방식을 파악하기 위해 설문조사를 통한 조사연구와 비구조화된 면담을 결합한 혼합연구로 설계되었다. Creswell과 Plano Clark(2011)는 6가지 혼합연구설계를 제시한 바 있는데 본 연구는 그중에서 수렴적 병행설계(convergent parallel design)로 진행되었다. 수렴적 병행설계는 특정 주제에 대한 이해를 높이기 위한 목적으로 양적 연구방법과 질적 연구방법을 독립적으로 진행하고 각 결과를 분석한 후 해석단계에서 결과를 통합하는 형태를 의미한다. 대표적인 혼합연구의 방법이기도 한 수렴적 병행설계의 접근은 두 유형의 자료에서 얻은 결과를 수렴하는 것에 있으며 필요에 따라 한쪽의 비중을 높이기도 한다. 본 연구 설계의 초점은 질적 연구

에 두고 기독교대안학교 현장의 교사들이 교사 전문성을 어떻게 이해하고 성
장시키고 있는지 탐색하였으며, 동시에 설문조사를 통해 전문성 개발의 영역
을 분석한 후 해석단계에서 두 결과를 연결시키고자 하였다.

2. 연구대상 및 자료수집

설문조사 참여대상은 국내 기독교대안학교 교사이며 2019년 9월 기독교
학교교육연구소에서 실시한 '기독교대안학교 교사의 삶' 실태조사에 응답자
331명 중 전문성 영역의 문항을 모두 응답한 유효 참여자 총 276명이다. 이
들 응답자의 배경은 아래 〈표2〉와 같다. 응답 분석에 활용한 교사 변인은 총
경력인데 공교육과 대안교육을 합한 기간이 저경력(5년 이하) 응답자가 111명
(40.2%), 중경력(6-10년) 응답자가 103명(37.3%), 고경력(11년 이상)이 62명
(22.5%)이었다.

〈표2〉 응답자 배경변인 분포

구분	성별		연령				학교급(중복응답)				교사경력		
	남	녀	20대	30대	40대	50이상	유치	초	중	고	1-5	6-10	11년이상
인원	79	197	39	133	82	22	16	117	156	127	111	103	62
%	28.6	71.4	14.1	48.2	29.7	7.9	5.8	42.4	56.5	46.0	40.2	37.3	22.5

심층 면접은 총 7명의 기독교 대안학교 교사들을 대상으로 진행하였다. 교
사전문성에 대한 인식은 개별 학교의 특성 및 교사의 경력에 따라 차이가 있을
것으로 보고 이 두 요소를 반영하여 면담 대상자를 선정하였다. 기독교대안학
교의 유형으로 박상진 외(2012)는 국제성, 수월성, 긍휼성, 대안성, 기독교성

112

을 기준으로 제시한 바 있다. 이 중 대안성과 기독교성의 비중이 높음을 감안하여 위 연구자들은 "기독교대안학교는 기독교적인 교육을 추구하는 학교이자 기존의 교육에 대한 대안을 강조하는 학교"로 보았다. 본 연구는 이러한 의미를 강조하는 학교에 소속된 교사를 면담 대상자로 하였다. 교사 경력은 교직경험 5년 이하의 저경력, 6~10년의 중경력, 10년 이상의 고경력으로 구분하여 해당 대상자를 선정하였다. 최종 면담 참여자의 특성은 아래 표와 같다.

〈표3〉 면담 대상자

구분	교사	성별	경력	학교급	교과	전문분야	특성
저경력	A교사	여	1	고	과학	–	기숙
	B교사	여	3	중	국어	–	기숙
중경력	C교사	남	7	중·고	성경	교과팀장	통학
	D교사	여	8	고	사회	대표교과팀장	통학
	E교사	남	10	고	과학	진로진학팀장	통학
고경력	F교사	남	16	중·고	사회	진로진학팀장	기숙
	G교사	남	17	초·중·고	과학	교감	기숙

3. 연구 도구 및 분석

전문성 영역의 설문문항은 〈표4〉와 같이 세 영역의 총 22문항으로 구성된다. 1영역의 현재 관심사에 대해서는 1~3순위로 우선순위를 기록하도록 한다. 2영역의 전문성 중요도와 보유정도는 각 세부 문항에 대해 1(전혀 아님)~5(매우 그러함)의 정도로 각각 표시하도록 하였다. 교사 전문성 계발의 노력은 각 항목에 대해 년 횟수를 적고 도움 정도를 1(전혀 도움 되지 않음)~5(매우 도움)로 응답하도록 했다.

<표4> 설문 영역과 응답방식

영역	문항	응답방식
현재관심사 (6문항)	교과지식 및 수업개선, 학급운영 학생지도, 공동체 관계 및 소통 동료교사 멘토링, 학교 교육과정 및 제도개선	1~3순위 기록
교사전문성 (10문항)	교과지식과 수업운영, 기독교세계관과 수업연계 학습자이해와 대처, 학생소통과 지도 갈등해결 학급운영, 동료교사 소통과 협력 활동 및 행사기획, 소명과 정체성 자기계발학습, 환경 이슈 민감성	중요도, 현재 보유정도 (1~5)
전문성계발노력 (6문항)	수업공개, 수업참관, 수업컨설팅 참여 교내 교사연구모임, 외부교사연구모임 소속학교 교사교육, 외부 단체 기관의 교사교육 재교육 학위과정	년 횟수와 도움정도 (1~5)

인터뷰 질문은 아래 <표5>와 같이 총 다섯 영역으로 구성되었다. 먼저 소속학교 및 자기소개로 시작하여 교사전문성의 의미, 교사전문성 요소와 성장, 교사 자율성과 공동체의 역할을 집중적으로 질문한 후 대안학교 교사됨과 동력에 대한 질문으로 마무리되었다. 면담내용은 녹음되었고 이를 녹취하였다.

<표5> 면담 질문

번호	내용
학교 및 자기소개	학교의 특성, 소속학교, 경력기간, 현재 학교에서의 역할과 책임
교사 전문성 의미	교사는 전문가인가, 어떤 면에서 전문가인가
교사 전문성 요소와 성장	대안학교 교사에게 필요한 자질과 역량은 무엇인가 자질과 역량은 어떻게 성장하는가
교사 자율성과 공동체의 역할	전문가로서 교사 자율성의 영역과 책임은 무엇인가 교내외 교사간 멘토링, 교류 여부와 도움 내용은 무엇인가
교사 정체성과 만족도	기독교대안학교의 교사로 산다는 것의 의미와 동력은 무엇인가

본 연구에서 수집된 양적자료와 질적자료는 각각 독립적으로 분석되었다. 먼저 설문조사를 통해 얻은 양적 자료의 경우 전문성 관심 순위, 전문성 중요

도, 전문성 보유정도의 각 항목에 대해 빈도분석을 실시하고, 이후 경력에 따른 차이를 확인하기 위해 ANOVA 분석을 실시하였다. 심층 면담내용을 전사한 질적 자료에 대해서는 내용분석이 실시되었다. 각 질문에 대한 응답 내용을 분석하기 위해 응답내용을 반복하여 읽은 후 유사한 주제의 응답내용을 구분하여 내고 다시 세분화하는 접근을 시도하였다. 응답 내용의 주제 및 세분화 분석 과정에 연구자를 비롯한 3인의 전문가가 참여하여 각 질문 항목별로 70% 이상의 일치도를 갖도록 하여 질적 자료분석의 타당성을 확보하고자 하였다.

Ⅳ. 설문분석 결과: 수치로 정리하는 기독교대안학교 교사 전문성

1. 기독교대안학교 교사의 관심사 및 교사경력별 차이

기독교대안학교 교사들이 현재 관심을 가지고 있는 사안이 무엇인지 순위를 정하도록 하고 관심도를 수치화한 결과를 보면 '학생이해와 학생지도,' '교과지식 및 수업개선'이 경력수준과 관계 없이 높은 것으로 나타났다. 이 항목들은 교과전문성과 학급경영 전문성에 해당되는 것으로 현재 교사들의 활동과 책임을 반영하는 것으로 보인다. 이 두 항목에 비해 다른 항목들은 교사의 경력에 따라 관심도가 다르게 나타났다. '학교교과과정개선 및 제도개선,' '공동체 내 관계 형성 및 의사소통'은 고경력이 될수록 높게 나타났는데 이는 경력이 높을수록 학교의 리더 역할을 하게 되는 교사생애발달과 관련이 있을 것으로 보인다. 저경력자(5년 이하)일수록 높은 관심을 보인 것은 '동료교사 멘토링'이었다. 각 대안학교 및 수업에 적응하고자 하는 5년 이하 초임교사들이 선배나 동료교사의 멘토링을 기대하고 도움을 필요로 함이 반영된 것으로 보인다.

〈표6〉 경력에 따른 현재 관심사 우선순위

현재 관심사	총경력	1순위(3점)	2순위(2점)	3순위(1점)	평균(편차)
학생 특성 이해 및 학생지도	0~5년(a)	40	40	21	2.19 (0.75)
	6~10년(b)	32	31	18	2.1 (0.77)
	11년 이상(c)	16	17	10	2.14 (0.76)
교과지식 및 수업개선 활동	0~5년(a)	44	23	26	2.19 (0.85)
	6~10년(b)	35	25	20	2.1 (0.81)
	11년 이상(c)	20	12	17	2.06 (0.87)
학교 교육과정 및 제도 개선	0~5년(a)	5	11	11	1.78 (0.74)
	6~10년(b)	15	13	18	1.93 (0.84)
	11년 이상(c)	10	9	7	2.12 (0.80)
공동체 내 관계형성 및 의사소통	0~5년(a)	9	9	25	1.63 (0.81)
	6~10년(b)	13	17	20	1.86 (0.80)
	11년 이상(c)	11	10	9	2.07 (0.81)
효과적인 학급 운영	0~5년(a)	9	22	26	1.70 (0.72)
	6~10년(b)	5	11	20	1.58 (0.72)
	11년 이상(c)	3	10	8	1.76 (0.68)
동료교사 멘토링	0~5년(a)	1	3	1	2.00 (0.63)
	6~10년(b)	0	5	5	1.50 (0.50)
	11년 이상(c)	0	4	9	1.31 (0.46)

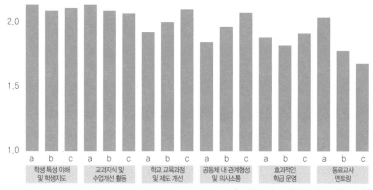

2.5

2.0

1.5

1.0

| a | b | c | a | b | c | a | b | c | a | b | c | a | b | c | a | b | c |

학생 특성 이해 및 학생지도   교과지식 및 수업개선 활동   학교 교육과정 및 제도 개선   공동체 내 관계형성 및 의사소통   효과적인 학급 운영   동료교사 멘토링

*a: 경력 1-5년, b: 경력 6-10년, c: 경력 11년 이상

[그림3] 경력에 따른 현재 관심사의 우선순위 비교

2. 전문성 요소의 중요도 및 보유정도

교사 전문성의 중요도를 볼 때 모든 항목의 중요도 평균이 4.56이고 '어느 정도 중요하다'와 '매우 중요하다'의 사이에 해당하고 있어서 기독교사들은 주어진 모든 문항을 중요한 것으로 인식함을 보여준다. 그 중에서도 '소명의식과 정체성,' '학생과의 의사소통,' '교과지식 및 수업,' '학습자 이해 및 지도,' '기독교 가치관이 반영된 수업'은 중요도가 높은 순위의 항목이다. 상대적으로 덜 중요한 것으로 표시된 항목은 '장단기 계획 및 활동 기획,' '교육환경 변화인식'인데 이 항목들은 개별 교사의 수업이나 학습경영 활동과는 직접적으로 연관되지는 않는다는 공통점이 있다.

각 항목의 중요도가 교사경력에 따라 차이가 있는지 살펴보았을 때 대부분의 항목에서 통계적으로 의미 있는 차이가 드러나지 않아서 초임교사나 경력 교사 모두 각 항목의 중요도 정도를 비슷하게 보고 있음을 알 수 있다. 다만 '기독교가치관과 세계관과 연결한 수업운영' 항목에서만 약한 차이를 보였다 (F=2.645, p=.074). 즉, 5년 이하인 초임교사가 다른 경력자보다 높은 중요도 수치를 보여 기독교세계관으로 재구성하는 수업운영의 중요성을 더 높게 인식 하는 것으로 나타냈다.

설문조사 응답자들이 각 전문성 항목을 중요하게 보는 것에 비해 현재 보유 한 정도의 수치는 전반적으로 중요도 수치에 미치지 못하고 있다. 각 전문성 항 목의 보유도 평균은 3.71이며 '보통'과 '어느 정도 할 수 있다'의 사이에 위치하여 더 성장할 여지를 보여준다. 중요도와 보유도의 차이점수가 가장 큰 세 항목은 '기독교세계관과 수업연계(차이점수 1.1),' '자기계발학습(차이점수 0.99),' '교육 환경 변화인식(차이점수 0.95)'이다. 이중 '기독교세계관과 수업연계,' '자기계발 학습'은 중요도도 높은 항목이어서 성장이 필요한 영역으로 파악된다.

〈표7〉 기독교대안학교 교사가 인식하는 전문성 영역별 중요도와 보유정도

전문성	중요도					평균 (표준편차)
	전혀 중요하지 않음	중요하지 않음	보통	어느 정도 중요	매우 중요	
교과 및 수업	0 (0%)	0 (0%)	6 (2.2%)	65 (23.6%)	205 (74.3%)	4.72 (0.50)
기독교 세계관연계	0 (0.0%)	0 (0.0%)	14 (4.8%)	64 (23.0%)	198 (71.3%)	4.67 (0.57)
학습자 특성	0 (0.0%)	0 (0.0%)	5 (1.8%)	71 (25.7%)	200 (72.5%)	4.71 (0.49)
학생과의 의사소통	0 (0.0%)	0 (0.0%)	6 (2.2%)	59 (21.4%)	211 (76.4%)	4.74 (0.49)

학급운영	0 (0.0%)	0 (0.0%)	12 (4.3%)	95 (34.4%)	169 (61.2%)	4.57 (0.58)
동료교사 관계	0 (0.0%)	1 (0.4%)	12 (4.3%)	97 (35.1%)	166 (60.1%)	4.55 (0.60)
활동기획 및 계획	0 (0.0%)	3 (1.1%)	29 (10.5%)	144 (52.2%)	100 (36.2%)	4.24 (0.68)
소명의식 정체성	0 (0.0%)	0 (0.0%)	3 (1.1%)	56 (20.3%)	217 (78.6%)	4.78 (0.44)
자기계발 및 학습	0 (0.0%)	0 (0.0%)	12 (4.3%)	88 (31.9%)	176 (63.8%)	4.60 (0.57)
교육환경 인식	0 (0.0%)	3 (1.1%)	51 (18.5%)	134 (48.6%)	86 (31.2%)	4.08 (0.77)

전문성	보유정도					평균 (표준편차)
	전혀 알지 못함	별로 알 수 없음	보통	할 수 있음	매우 잘함	
교과 및 수업	0 (0%)	3 (1.1%)	44 (15.9%)	166 (60.1%)	63 (22.8%)	4.05 (0.66)
기독교 세계관연계	0 (0.0%)	25 (9.1%)	95 (34.4%)	130 (47.1%)	26 (9.4%)	3.57 (0.79)
학습자 특성	1 (0.4%)	9 (3.3%)	68 (24.6%)	165 (59.8%)	33 (12.0%)	4.71 (0.49)
학생과의 의사소통	0 (0.0%)	3 (1.1%)	57 (20.7%)	166 (60.1%)	50 (18.1%)	3.95 (0.67)
학급운영	0 (0.0%)	14 (5.1%)	85 (30.8%)	158 (57.2%)	19 (6.9%)	3.66 (0.68)
동료교사 관계	1 (0.4%)	9 (3.3%)	72 (26.1%)	142 (51.4%)	52 (18.8%)	3.85 (0.77)
활동기획 및 계획	0 (0.0%)	22 (8.0%)	109 (39.5%)	116 (42.0%)	29 (10.5%)	3.55 (0.79)
소명의식 정체성	1 (0.4%)	6 (2.2%)	70 (25.4%)	135 (48.9%)	64 (23.2%)	3.92 (0.78)
자기계발 및 학습	0 (0.0%)	19 (6.9%)	94 (34.1%)	136 (49.3%)	26 (9.4%)	3.61 (0.77)
교육환경 인식	7 (2.5%)	47 (17.0%)	134 (48.6%)	80 (29.0%)	8 (2.9%)	3.13 (0.81)

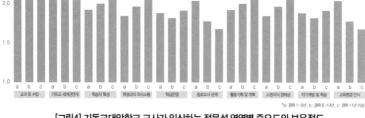

2.5

2.0

1.5

1.0

| a | b | c | a | b | c | a | b | c | a | b | c | a | b | c | a | b | c | a | b | c | a | b | c | a | b | c | a | b | c |

교과 및 수업　　기독교, 세계관연계　　학습자 특성　　학생과의 의사소통　　학급운영　　동료교사 관계　　활동기획 및 계획　　소명의식 정체성　　자기계발 및 학습　　교육환경 인식

*a: 경력 1~5년, b: 경력 6~10년, c: 경력 11년 이상

[그림4] 기독교대안학교 교사가 인식하는 전문성 영역별 중요도와 보유정도

각 항목의 보유도가 교사경력에 따라 차이가 있는지 살펴본 결과는 〈표7〉과 같다. 표에서 보는 바와 같이 '학생과의 의사소통,' '동료교사관계'의 두 항목을 제외한 모든 영역에서 5년 이상의 경력교사가 저경력 교사들보다 높은 것으로 나타났고 그 차이는 통계적으로 의미가 있었다. 본 조사는 기독교사들의 인식이라는 점을 감안할 때 실제 전문지식, 능력, 태도와 관계없이 5년 이하의 저경력 교사는 자신의 전문성 성장에 대해 필요와 욕구가 높은 것을 알 수 있다.

120

〈표8〉 총 경력에 따른 교사 전문성의 보유 정도 비교

영역	경력별 전문성 보유정도 (평균, 편차)			F	유의확률	사후분석
	0~5년	6~10년	11년 이상			
교과 및 수업	3.92 (.62)	4.05 (.66)	4.24 (.64)	4.82	.009***	a<c
기독교세계관연계	3.46 (.77)	3.53 (.76)	3.80 (.80)	3.714	.027*	a<c, b<c
학습자이해대처	3.67 (.76)	3.81 (.63)	3.98 (.64)	3.984	.020*	a<c
학생 의사소통	3.90 (.66)	3.98 (.67)	4.00 (.62)	.604	.548	
학급운영	3.49 (.65)	3.68 (.71)	3.91 (.58)	9.565	.000***	a<c, b<c
동료교사 관계	3.80 (.79)	3.89 (.77)	3.87 (.71)	.385	.681	
활동기획 장단기계획	3.36 (.75)	3.61 (.78)	3.77 (.79)	5.949	.003**	a<c, a<b
소명의식 및 정체성	3.80 (.84)	3.95 (.70)	4.09 (.74)	2.891	.058+	a<c
자기계발 및 학습	3.49 (.72)	3.57 (.77)	3.85 (.78)	4.455	.013*	a<c, b<c
교육환경 변화이해	3.09 (.77)	3.01 (.80)	3.35 (.87)	3.090	.048*	b<c

***p<0.001, **p<0.01, *p<0.05, +<0.1

3. 교사 전문성 계발을 위한 노력

교사전문성 계발을 위한 접근 방법은 다양하다. 과연 기독교대안학교 교사들은 어떤 접근을 가장 많이 활용하며 얼마나 도움이 된다고 생각하는지 살펴보았다. 〈표9〉는 각 유형별로 연간 최소 1회 이상 참여한 교사 인원수와 %, 그리고 각 유형이 실제 전문성 계발에 도움 되는 정도를 1(전혀 도움 되지 않음)~5(매우 도움이 됨)로 표시했을 때의 평균을 보여준다. 절반 이상의 응답자가 참여한 유형은 주로 교내외 교사연수나 교사교육이었고 교내에서 이뤄지는 수업공개나 참관, 그리고 교내 교사연구모임의 순서였다. 그에 비해 참여 경험이 낮은 유형은 수업컨설팅이나 외부 교사연구모임이다. 이 표는 전문성 개발의 접근으로 가장 보편적인 교내 자체연수나 교사교육을 연간 1회도 참여하지 않은 교사들이 20%정도임을 보여준다. 즉 개별 학교에 따라서는 교사 전문성 성장을 위한 노력이 아쉬운 경우가 있음을 의미하며 이에 대한 대안 모색도 필요할 것으로 보인다.

과연 전문성 계발을 위한 노력은 실제 교사들에게 도움이 되는가. 자체 혹은 외부 교사연수나 교사교육은 앞서 가장 보편적인 유형이면서도 가장 만족도가 높은 경우에 해당한다. 통상 교사와 일대일로 밀착하여 교수법을 포함한 교수학습 관련 컨설팅을 실시하는 수업컨설팅의 도움 정도가 보통 이하로 나타난 것은 의외의 결과이다. 이에 수업컨설팅의 구체적 내용이나 방법, 교사의 필요와 컨설팅 접근과의 적합성 등 수업컨설팅 운영에 대한 점검이 필요할 것으로 보인다.

유형	연간 1회 이상	도움 정도 (1:전혀 도움 안됨~5:매우 도움)
동료 교사에게 수업 공개	185명 (67.0%)	3.14 (1.47)
동료 교사 수업 참관	181명 (65.6%)	3.23 (1.54)
수업 컨설팅 참여	64명 (23.2%)	2.35 (2.14)
교내 교사연구모임	143명 (51.8%)	3.18 (1.68)
외부 교사연구모임	95명 (34.4%)	2.49 (1.91)
교내 자체 연수/ 교사교육	251명 (77.9%)	3.41 (1.44)
교사단체나 기관의 연수/교사교육	197명 (71.4%)	3.28 (1.55)

V. 면담분석 결과: 이야기로 듣는 기독교대안학교 교사 전문성

1. 인격적 소통과 관계에서 시작하는 전문성

면담 참여 교사들이 교사전문성의 요소로 가장 많이 언급한 것은 교사의 소통과 관계능력이다. 어떤 교사는 이를 관계 전문성이라고도 불렀다. 교과전문성보다 관계능력을 강조하는 것은 소속 학교가 지향하는 교육의 특징이나 방향, 학교의 유형과 그리 큰 관계가 없었고 그 범위 역시 학생, 학부모, 동료교사까지 포괄적이었다.

E교사는 학교-가정-교회의 연계를 강조하는 도심통학형 학교의 8년차 교사이다. 전체 주임교사를 맡고 있으며 사회교과를 가르치고 있다. 교사전문성의 의미를 물었을 때 교과의 전문성을 뛰어넘는 전문성을 강조한다. E교사는 이를 관계 전문성이라고 칭한다.

"가르치는 과목에서의 전문성도 있지만 무엇보다 사람을 다루는 면에서의 전문성, 즉 아이들과 관계를 맺는 인간관계 면에서의 전문성이라는 생각이 듭니다. 일단 의사소통 면에서는 아이들 연령대마다 어떤 문화가 있는지 알아서 어떤 언어로 표현해야하고, 어떤 부분에 민감하고, 어떻게 대화할 수 있나 배경지식이 필요하구요. 의사소통하고 관계를 맺어간다는 것은 기술만으로 되는 것이 아니라 사람 대 사람으로 마음을 열도록 하고 가르치기보다 보여주고 안내해서 이를 통해 배움이 일어나도록 하는 것이라 관계의 전문성이라 말하고 싶어요. [중략]

이전 같으면 아이들에게 '너 그거 해야 돼'라고 안내를 했다면 지금은 '이걸 하려면 어떻게 할 수 있을까'라고 물어서 그 아이가 고민하고 답을 찾도록 대화의 방식이 바뀌었어요. 그 아이가 대화 가운데서 본인이 이렇게 실천하겠다고 말하도록 대화를 풀어가는 거죠." (E교사)

면담자 중 가장 경력이 많은 G교사는 교회 공동체와 연결되고 생활을 함께 하는 중고등 통합학교에 속해 있다. 그는 전문성이란 단어를 별로 사용하지 않는다면서 교사는 "학생들과 소통하고 인격적 성장에 밀접하게 관여하는 사람"임을 강조했다. 인격적 소통의 전문가, 이는 기독교대안학교 교사를 설명하는 또 다른 이름인 셈이다. 이 인격적 소통은 학생들의 현 모습을 인정하고 기다리는 인내와 자신을 돌아보고 조절하는 능력이 뒷받침되어야 가능하다고 한다.

"교사는 학생들과 소통하고 학생들의 인격적 성장에 가장 밀접하게 관여할 수 있는 사람, 학생들과 인격적 교류를 계속 해야 하고 그 과정에서 서로 삶의 영향을 주고받게 되는데 그런 부분에서 전문성이 필요합니다. [중략] 현장에 있으면서 학생들과 생활하다보면 어려울 때가 많이 있어요. 제 마음과 생각에 학생들에 대한 기대치가 있는 거죠. 학생들이 교사의 기대에 못 미치고 때로는 말썽을 피워도 잘 참아내며 학생과의 관계를 지속할 수 있어야 합니다. 갈등상황이 되고 관계가 깨어지면 인격적 교감이 없어지고 교육 자체가 잘 안 되는 거죠." (G교사)

무엇을 위한 소통과 관계인가. 초보교사 B는 교과전문성을 갖추기 위한 소통과 관계능력을 강조했다. 그는 '학생을 얼마나 존중하는지, 함께 살아가고자 하는지의 결단이 곧 대안학교 교사의 전문성'이라고 생각하며 가르침에서도 학생들과 관계 맺고 소통하는 전문성이 녹아지기를 기대하고 있다.

"전 잘 가르친다고 생각했고 수업도 재미있게 하고 있다고 생각했어요. 그런데 대안학교에서는 그것보다 학생들을 얼마나 인격체로 대하는지가 더 중요하고 학생들도 그것을 알아차려요. 그래서 교사가 학생을 얼마나 존중하고 있는지, 삶으로 함께 살아가고자 하는지의 결단이 곧 대안학교 교사의 전문성인 것 같아요. [중략] 교과서를 보고 가르치는 것은 익숙한데 그 내용을 아이들이 흥미롭고 즐거워하도록 정서적 반응을 이끄는 것, 아이들이 참여하도록 준비하고 설득하는 것이 쉽지 않아요. 학생들의 생각과 감정을 읽고 공감하고 동기부여하고 기다려 줄 때 학생들이 변화하는 것 같아요. 아이들을 이해하고 소통하는 것도 능력이고 이 부분을 조금씩 배워가요." (A교사)

고경력 교사인 F교사는 교사의 경력과 현재 역할에 따라 전문성의 강조점이 달라진다고 했다. 초임교사와 경력교사에게 기대하는 전문성에는 차이가 있다는 말이다. 초임교사에게는 교과전문성을 기대하지만 초임교사가 적응기를 지낸 후에는 교과를 뛰어넘는 전문성이 있어야 한다. 즉, 학생들의 삶과 연결된 전문성, 자신만의 특정 영역에서 학생들의 멘토가 될 수 있는 전문성, 이 특성화된 전문성을 가지고 학생들과 관계를 이어가야 한다.

"상담의 전문성이든 아이 진로를 코칭할 수 있는 전문성이든, 학습코칭의 전문성이든, 테크놀로지 활용의 전문성이든 그 어떤 면에서든 우리 학교에서 '이런 부분은 저 선생님한테 가서 물어봐야지'라고 말할 수 있는 사람이 되면 좋겠어요. 그걸 못 갖추는 선배 교사는 시간이 지날수록 떠드는 학생에게 부끄럽죠. 공부를 안했으니. 더불어 후배교사에게 도움을 줄 수 있는 영역이 현격히 줄어들 수밖에 없어요." (F교사)

인격적 소통과 관계의 전문성은 경력이 많아지면 온전히 습득할 수 있는가. 꼭 그렇지 않은 것 같다. 15년 이상 고경력자인 G교사에게도 전문성의 성장은 여전히 진행형이다. 경력이 쌓일수록 학생세대와의 간격이 더 벌어짐으로 인해 또 다른 의미에서의 관계 어려움이 있다고 말한다.

"얼마 전까지만 해도 자신감에 차 있었던 것 같아요. 어디 가서도 잘 할 수 있겠다는 생각이 들었는데 최근 세대 간의 갈등, 이런 표현들을 하잖아요. 세대 차이가 있습니다. 이전의 학생들과 요즘 학생들은 사고방식이 다른 것 같아요. 저하고 학생들과 나이의 격차가 있다 보니 예전 학생들처럼 저를 친구처럼 받기 어렵고 제가 편하게 해줘도 자연스러운 관계를 어려워하는 부분이 있어요. 현장에 계속 있기에 학생들과의 소통을 중요하게 생각하는데 어떻게 세대 간격을 극복할지 숙제입니다. 어쨌든 학생 개인과의 만남을 많이 갖는 것이 중요하다 생각해요." (G교사)

어떻게 관계와 소통의 전문성이 가능할까. D교사는 기독교사가 가져야 할 자질인 영적 감수성, 즉 교사가 기독 영성의 기본인 말씀과 기도에 얼마나 충실한지로 설명한다. 이 영적감수성은 인간 교사로서의 한계를 인정하고 학교현장에서 만나는 다양한 문제 상황을 세상의 방법으로만 해결할 수 없다는 자각에서 비롯된다고 한다.

"아이들하고 만나는 다양한 문제 상황에서 세상적인 방법으로 해결하는 것은 한계가 있더라고요. 하나님이 주신 어떤 지혜라 사랑, 권면함 없이 문제를 해결하는 것이 불가능한 것을 아는 것, 그리고 말씀과 기도에서 지혜를 얻는 것이 필요했습니다. 특히 교회 잘 다니고 어느 정도 경제적 여유가 있는 가정의 자녀가 다니는 대안학교인 경우 아이들이 기본적으로 궁핍함이나 결핍이 없다보니 주님을 간절히 찾는 부분이 부족하죠. 그래서 더 교사는 영적감수성을 가지고 학생들에게 다가가야 하는 것 같아요. 이 때 섬세한 의사소통능력, 끝가지 기다리는 인내도 필요하구요." (D교사)

2. 전문성을 키우는 교사공동체도 관계전문성이 핵심

교직에서 겪는 어려움이나 도전은 주로 관계의 영역에서 일어난다. 면담 참여 교사들은 특히 교사간의 관계를 언급되었다. 대부분의 기독교대안학교는 공동체적 가치를 추구하고 있어서 교사의 관계능력은 다양한 교사들이 더불어 사는 삶의 공동체를 일구는 기초가 되었다. 리더십 위치에 있는 G교사 역시 필요한 전문성의 영역에는 교사공동체에서의 관계가 들어있다. 초임교사들이 선배 교사를 의지하는 만큼 선배교사이자 리더십에 있는 G교사 역시 멘토링을 통해 교사들과 소통하며 관계에 신중하게 된다고 한다.

"젊은 후배교사들의 이야기를 많이 들으려 합니다. 저희는 교사들이 공동생활을 하니까 크게 부딪치거나 그러지는 않는데 조심스러운 마음이 있어요. 제가 경력이 많다보니 혹 교사들의 의견을 들으면서 '그건 예전에 해봤던 것인데 해봐도 안돼요'라는 식으로 교사들의 사기를 꺾을까봐 그 부분을 조심하고 있습니다." (G교사)

F교사는 동료교사들과 원활한 관계를 이루고 소통하는 것이 교사의 안녕감

에 얼마나 중요한지 말한다. 교사공동체에서의 원활한 소통은 교사에게 행복
감을 가져오고 교사가 행복한 것이 결국 학생들에게 도움이 되는 것으로 보고
있다.

"선생님 중에 아이들은 몇 년 있으면 떠나지만 옆에 계신 선생님은 나와 10
년 이상 같이 할 분이다, 나의 우선순위는 동료 교사다, 이렇게 얘기해주신 분이
계셔서 너무 좋았어요. 혹 학부모님이 들으면 어, 뭐야 학생이 우선순위 아니야
이럴 수 있는데 아니에요. 제가 볼 때는 동료 교사들과 원활한 관계가 맺어
지고 선생님이 행복해야 그 마음이 학생한테 잘 흘러가거든요. 그래서 하나
남과 학생만 봐 이러면 오히려 불행할 수 있는 거죠. 주변과도 원활하고 다
른 선생님과도 원활하고 행복하고 그래야 학생한테도 훨씬 좋아요." (F교사)

관계의 어려움은 교사들 사이에서만 있는 것이 아니라 학부모와의 관계에
서도 일어난다. E교사는 20대 초보교사일 때 경험 부족으로 인해 학부모와의
대화나 관계에서 위축되는 부분이 있었음을 언급하며 그 때 학교 리더의 대처
방식을 보고 적절한 접근을 배울 수 있었다고 했다.

"학교에서 일어난 일을 학부모에게 전달할 때 어디까지 말해야 할까 고민
하고, 우리아이 이럴 때 어떻게 해야 하느냐고 물어보면 자칫 부모를 가르치는
것 같아서 어렵고 그래요. 그래서 교장선생님께 문의도 하고 정기 학부모 면
담 때 같이 들어가시는 교장선생님이 어떻게 하는지 옆에서 듣고 배우죠. 이
번 학기에는 학부모면담에 선생님들끼리 하셔도 되겠구나 말씀하시는 것 보니
옆에서 배우면서 성장했나봐요." (E교사)

3. 교과전문성은 교과에서의 신앙 도전

D교사는 사교육에 있다가 기독교대안학교 교사가 된 10년차 교사이다. 그는 교사 전문성에 대한 생각이 학생과의 관계촉진자와 동기부여자에서 교과전문가로 옮겨가게 되었다고 했다. 교과전문성의 기초 위에 관계촉진자가 된다는 보는 다른 교사들과는 입장 차이가 있는 듯 보인다. 그러나 그가 말한 교과전문성은 단순한 내용지식이나 전달이 아니라 교과에서 기독교적 가치와 원리를 뽑아내어 연계하는 것이며 교과를 통해 신앙도전을 시도한다는 의미였다.

"초기에 기독교사라 했을 때 떠오르는 이미지는 학생 한 명 한 명을 돌봐주고 기다려주고 사랑하고 잠재력을 발견하고 섬기는 그런 모습이었어요. 그런데 점차 하나님이 창조하신 만물 속에 숨겨놓으신 비밀을 밝히고 보여주는, 그래서 교과의 의미나 가치를 알고 문화명령을 수행하는 각각의 일군을 세우는 측면에서의 교과전문가라는 생각이 강해졌어요." (D교사)

무엇이 그에게 전문성의 강조점을 달리하게 했을까. D교사는 사교육에 있다가 특별한 마음으로 기독교대안학교 현장에 와보니 세워지는 만큼 폐교되는 대안학교도 보고, 그 과정에서 학교의 기능이 제대로 수행되지 못하는 안타까움도 보았다고 했다. 교육과정 체계가 없다, 사회변화에 대처하지 못한다는 세간의 평가도 더해지면서 그는 기독교 학교교육은 무엇이어야 할 지 본질적 질문을 하였다. 그리고 그의 결론은 기독교사로서 학생 하나하나를 사랑하고 품는 기초 위에 교과영역에 들어있는 하나님의 창조원리와 가치를 발견하고 강조하는 것이었다. 과학교과라는 담당교과 특성도 한 몫을 했다.

"교과가 과학이다보니 과학이 궁극적으로 추구하는 것이 무엇일까, 하나님이 만드신 창조 목적을 묵상하다보니 교과가 추구하는 바가 명확해지긴 했어요. 그것을 깊이 있고 진정성 있게 다루다보면 아이들이 이제 하나님을 바라볼 수 있고 그 놀라운 비밀, 경탄의 경지에 가는 것 이것 역시 기독성이다 싶습니다."
(D교사)

기독교적 가치와 세계관을 교과에 녹여 교과교육과정을 개발하는 일은 전문성을 필요로 한다. 특히 교사에게 전적인 교과교육과정의 권한을 주는 학교의 경우 교사는 학교의 교육철학과 교육방향을 이해하고 이에 따라 교과교육과정을 개발하고 운영하는 전문성을 갖추어야 한다. E교사의 학교가 그런 셈인데 학교의 정체성과 방향을 이해하여 교과과정 재구성에 자신이 생기는 것은 적어도 3-4년 차가 되어야 할 것으로 본다.

"학생들을 다루고 동기부여하는 것은 2-3년이 지나면 어느 정도 눈이 뜨이는 것 같은데 교사 스스로 교과교육과정을 개발하는 것이 익숙해지는 것은 그보다 늦어지는 것 같아요. 학교에서 원하는 교육철학을 내면화시키는 것은 아이들 다루는 것보다 더 어렵지요. 대안교육을 받아 본 교사들이 아니고 일반 교육대학원이나 사범대학을 나온 분들이라 무조건 내용을 잘 가르쳐야 한다는 생각이 강하세요. 저희는 초등부터 고등까지 전부 다 교육과정을 교사 본인이 짜거든요. 교과서를 쓰든 다른 교재를 쓰든 교과과정의 전적 책임은 교사에게 주세요. 국가교육과정도 보고 타 학교 교육과정도 참고해서 본인의 교과과정을 만들게 돼요. 가르칠 내용을 선정하고 그것을 기독교적으로 이해하는데 시간이 걸리는 것 같아요." (E교사)

물론 한계도 있다. 다루는 주제에 대한 성경적 관점을 파악하고 그에 따라 내용을 재구성하고자 할 때 작은 학교의 경우 같은 교과 교사가 없어서 부담되는 부분이 있다.

"여전히 어려운 것은 '나름 국가 교육과정도 전문가들이 고민하고 만들었을 텐데 내가 하는 방향이 맞는가'라는 질문이 들 때예요. [중략] 같은 교과 선생님이 없어서 사실 긴장히 버거운 편이 있어요. 동료 역사교사의 경우 역사는 어떤 사람이 들어가는데 나의 사관이 들어가는 것 아닌가 싶으면 무서운 생각이 든다고 하시더라고요. 제 경우도 학생들이 하나만 배우는 것 아닐까, 내가 놓치는 것이 분명 있을 텐데, 타 학교 교사들은 무엇을 할까 싶기도 합니다." (E교사)

4. 자율성은 전문성을 담는 그릇이자 고통스러운 행복

교사의 전문성은 교사의 역량을 신뢰하고 자율성을 보장하는 환경에서 맘껏 발휘될 수 있다. 인터뷰에 참여한 교사 모두 기독교대안학교는 자율성이 충분하다는데 동의한다. 성경을 가르치는 C교사는 교사의 전문성을 발달시키는 토양으로 자율성을 꼽았다. 그는 민감한 사회 이슈나 사안, 한 가지 입장으로만 설명할 수 없는 부분에 대해서는 학교에서 교사 개인의 입장을 존중하고 지나치지 않는 한 포용하는 것이 중요하다고 본다.

"우리가 어떤 이슈에 대해 입장이 다르면 학생들이 혼란스럽지 않느냐는 말이 1년에 한두 번 회의 때 나옵니다. 그러나 학생들에게 솔직하게 말합니다. 선생님들도 여러 가지 입장이 있다, 무엇이 더 성경적이라고 말하기 어렵다 말하죠. 그리고 선생님들은 세상의 스펙트럼이 넓다는 것을 알려주는 게 교육의 폭이라고 생각한다고 설명을 하죠. [중략] 학교가 한 목소리를 내야하고 선생님들이 지침을 따라야한다 이런 것이 없는 것을 우리 학교의 약점이라고 보는 사람도 있지만 저는 그것이 강점이라고 보고 있고 이런 풍토가 교사들의 자율권을 보장해주고 성장하게 하는 기회가 된다고 생각합니다." (C교사)

자율성은 책임을 동반한다. 그러기에 때로 교사가 자율적으로 진행한 수업이나 학생지도에서 이슈가 제기되면 그에 대한 책임도 감당해야 한다. C교사의 말이다.

"제 수업에 어떤 강사를 모셔왔는데 결과적으로 학생들에게 좋지 않은 영향을 끼쳤어요. 그럼 저는 그에 대해 책임을 져야한다고 보는 거죠. 교사의 자율성이 보장되는 만큼 결과에 대해서도 책임져야 하는 것이 자율성을 바르게 갖는다고 생각해요." (C교사)

초보교사들은 이 책임을 동반한 자율성이 버거울 때가 많다. B교사는 자율성을 '고통스러운 행복'이라 말한다. 학습목표를 정하고 수업을 자유롭게 준비하여 진행하는 것이 즐거움이기도 하면서 준비과정이 너무 힘들단다.

"아동문학과 삶이라는 수업을 할 때 그림책이란 무엇인가를 다루는 한 차시의 수업을 준비하기 위해 책을 다섯 권 읽었어요. 교과서가 없는 것이 학교 특성이다보니 너무 지치고 힘들어서 자율성을 줄여주면 좋겠다는 생각도 들었어요. 그러나 이 피곤하고 힘든 것이 행복한 것이기도 해요. 교과서에 나온 학습활동이 너무 자세해서 하고 싶은 것을 못한다는 일반 학교 교사들의 이야기를 듣기도 하거든요. 고통스러운 행복인거죠." (B교사)

그럼에도 이 초임교사처럼 대안학교 교사들은 스스로 교재를 만들고, 학생들의 반응, 흥미도, 학습 몰입을 보면서 수업을 개선해간다. 어쩌면 주어진 자율에 대한 책임감이 대안학교 교사를 성장하게 하는 보이지 않는 힘이 아닌가 싶다.

"수업을 한 학기 시작부터 끝까지 매일 매순간 맞히면 안 된다, 하나라도 즐겁게 배우도록 해야한다는 압박감이 크지요. 매일 수업 후 수업일지를 혼자 쓰고 피드백을 하게 되요. 학생들이 내용을 지루해하는 것 같아 토론으로 바꿔볼까, 토론 하지 않고 흥미 없어 하는 학생들이 있으니 에세이 쓰는 것으로 바꿔보고, 아이들의 반응과 상황을 보면서 유동적으로 변경하게 돼요. 마음이 바쁘죠." (B교사)

교사의 자율성에 따른 책임 부담을 완화하기 위해 교사 공동체의 협력은 필수적이다. 교과목 구성과 운영이 자율적인 경우 교사 공동체에서 서로 점검하고 피드백을 나누며 심리적 긴장을 푸는 것을 볼 수 있다. 특히 학교의 규모가 크지 않아 교과별 모임이 활성화되기 어려운 경우 전체 교사의 피드백이 그 역할을 한다. E교사 학교의 경우 전문성을 계발하는 환경과 기회를 제공하고 외부 모임에 참여하는데 이를 독려하는 리더, 과목마다의 방향성과 통찰력을 제시하는 교장의 역할도 크다고 한다.

"학기 초 교과 계획서를 서로 발표하고 피드백을 주고받게 되는데 그 과정에서 격려받기도 하고 아이디어가 더 확장되기도 하고 더 배우게 되요. [중략] 아이들이 힘들지 않을까라는 피드백이 있어서 살펴보니 제가 빡빡하게 교과내용을 짜놓았더라구요. 그래서 피드백을 반영하여 다시 넉넉하게 배정한 적도 있어요. 그래도 교육철학을 비롯해 전문성이 필요한 부분이 있어서 매주 교사 교육모임을 자체적으로 하고 있어요. 방학에는 외부 기관이나 연수를 활용하구요." (E교사)

교사는 교과 외에도 다양한 영역에서 자율성을 발휘하게 되는데 이 또한 초보교사에게는 부담이 되는 부분이다. A교사는 초임교사가 교내 활동을 계획하고 진행해야 할 때 학교 차원에서 최소한의 방향성과 지켜야 할 기본 지침을 제공해 주길 기대한다.

"첫 해에 이전 행사자료를 넘겨받고 새롭게 행사를 기획했어요. 자율적으로 새로운 시도를 하라고 하였지만 모든 것이 낯선 상태에서 무엇이 새로운 것인지 어떤 필요가 있는지 알 수 없었습니다. 자유로움이 오히려 막연한 두려움으로 다가와 결국 그전과 유사한 형태로 진행했어요. 최소한의 방향과 기준을 제공받았으면 더 좋았겠다는 생각을 했어요. [중략] 생각해보니 제게 필요했던 것은 학교행정업무에 쉽게 적응할 수 있는 가이드북이었어요. 학교 교칙과 매뉴얼 등 필요한 문서를 모을 수 있는 플랫폼이 없어서 학교 상황을 이해하는데 오래 시간이 걸렸거든요." (A교사)

5. 전문성 성장의 답이 되는 멘토링

교사전문성이 발달하는 방식은 다양하다. 인터뷰에 참여한 교사들은 학교 내에서 자연스럽게 이뤄지는 멘토링이 도움이 되었다고 한다. 특히 초임교사가 기독교사로 성장하여 학교에 정착하는데 중요한 것은 학교와 선생님들의 환대이다. 일대일 멘토링은 신규교사와 경력교사 사이에서 이 환대가 일어나는 좋은 장이다. 초보 A교사는 일대일 멘토링을 제도화하여 적어도 적응기간 동안 부담 없이 찾아가서 묻고 교제할 수 있는 멘토 제도를 추천한다.

"교사라는 새로운 역할도 적응의 시간이 필요하지만 학교에 적응하기 위해 노력하는 것은 더 힘들었어요. 그 때에 학생들과 선배 교사들의 환대는 학교 공동체로 초대해주는 것으로 여겨져 적응하는데 큰 힘이 되었어요. 특히 신규교사들을 양육해준 리더선생님과 매주 삶을 나누며 맘껏 질문할 수 있어서 좋았습니다. 모든 초임교사에게 첫 1년은 짝멘토가 될 선배교사를 붙여주면 좋겠어요." (A교사)

기독교사로 성장하는 데는 구체적인 멘토링 프로그램도 도움이 되지만 학교에서 역할모델을 하는 교사에게서 배우는 경우도 있다. 닮고 싶은 교사가 있는 공동체, B교사는 그런 공동체 속에서 성장한다.

"저희 학교에는 학생들과 소통을 잘 하시는 교사들이 많으셔서 그분들에게 종종 의견을 여쭤봐요. 아이가 일을 겪었을 때 저는 같이 화내면서 공감하는데 학교 영어선생님은 성경이야기를 같이 하며 아이를 감싸주고 상처를 성경적으로 치유하도록 도와주셔서 그 모습 닮고 싶어요. 생활교육 지도하시는 선생님의 경우는 학생들을 이해하고 오래 기다려주는 모습, 사회선생님 경우는 추진력이 있는 모습, 제가 부족한 부분들을 그 분들 보며 배우고 있어요." (B교사)

특히 학교의 규모가 작고 공동체성을 지향할수록 학교 리더의 멘토링이 중요한 역할을 한다. E교사는 자신의 성장에는 교장의 멘토링이 크게 영향을 끼쳤다고 하면서 교사의 성장에는 학교 리더십의 역할이 크게 작용함을 강조한다. 이 교사는 학교 리더로부터 멘토링을 받고 자신은 초임교사를 멘토링을 하는 '내림 멘토링'을 실시한다.

"기독교대안학교의 교사가 잘 성장하려면 리더십의 격려가 많이 필요한 것 같아요. [중략] 저는 이 학교에서 오랜 시간 함께 하면서 많이 믿어주신다는 느낌이 있어요. 그래서 저도 후배로 오는 교사에게 그런 느낌을 많이 줘야겠다는 생각을 많이 해요. [중략] 전에는 '내가 무엇을 해야 하나' 식의 질문을 교장선생님께 했다면 요새는 직책 때문인지 지금의 위치에서 다른 교사가 헤매고 있는데 어떻게 풀어가도록 도와야 하는지, 어떤 역할을 해야 하는지에 대해 질문하게 되요." (E교사)

E교사는 초임교사들을 위한 프로그램을 개발한 바 있다. 초임교사가 알고 경험해야 할 내용을 중심으로 프로그램을 짜고 기존 교사들이 각 영역을 맡아 새로 온 교사에게 설명하는 방식으로 적응을 돕는다. 그러나 이 경우에도 중요한 것은 활자화되고 공식화된 교육과정이나 학칙뿐 아니라 보이지 않는 교내의

문화나 규칙에 익숙해지는 것인데 이는 밀착 멘토링을 통해서만 가능하다고 설명한다.

6. 전문성 성장을 위한 지속적인 자기계발

기독교대안학교 교사들의 교사전문성이 성장하는 방식은 무엇일까. 인터뷰에 참여한 교사들마다 소속학교에는 공식, 비공식적인 연수 혹은 교사교육이 진행된다고 한다. 또 일부의 교사는 대안학교 연합체나 연구기관에서 진행하는 외부 연수 혹은 교사교육에 참여한 경험도 있다. 이들은 어떤 접근을 선호하는가.

대부분의 대안학교 교사는 스스로 노력하는 자기계발을 가장 먼저 언급했다. 자기계발이란 A교사의 말처럼 "교육의 새로운 대안을 제공하는 대안학교에서는 교사 역시 늘 자기점검하고 성찰하고 노력하는 필수 자질"이 된다. 이런 점에서 볼 때 교사전문성 성장에는 배우려는 태도가 중요하다. 근 20년 경력이 되어가는 F교사는 자신의 과거를 회상하면서 끊임없이 학습했다고 말했다. 먼저 태어나서 '선생'이 아니라 '먼저 학습하는 자'라니 '선학'이 되는 것일까. 대안학교 초창기부터 시작하여 경력교사가 된 F교사는 학생보다 더 공부했던 초창기 시절을 기억할 뿐 아니라 그 노력을 지금도 계속한다고 한다.

"제가 예전에 선생은 먼저 학습하는 자인가보다 라고 썼던 기억이 나는데, 선생님이 계속 배우려 하지 않으면, 학생에서 부끄러운 교사가 되는 것 같아요. [중략] 만약에 배우려는 태도가 없으면, 어렵죠. 현재 얼마나 갖추고 있는가는 유효기간이 기껏해야 1,2년 정도 밖에 안 되니까요. 어떤 분이 그러시더라고요, 대학 졸업장의 유효기간은 보통 거기 써 있는 날까지라고요." (F교사)

전문성 성장은 개인의 노력 뿐 아니라 교사공동체 안에서 서로 배우며 나누며 도전하는 방식이기도 하다. F교사의 학교는 교사 성장과 발전을 위한 자체 모임이 활발하다. 특히 매주 2시간 정도 교사연수가 있는데 운영방식이 독특하다. 교사 전체가 알아야 하는 사안을 다루기도 하지만 교사가 알고 싶은 주제를 다루는 것이 핵심이다. 그런 방식으로 해서 그간 진로진학상담, 미래학교, 제자화, 학습 공간 연구 등 주제를 다루었다고 한다.

"자기가 개인적으로 성장하고 싶어 하는 영역별로 주제 만들어서 자기들이 주제연수를 만드는 거죠. 그 주제들이 대부분 교사들이 필요해서 하는 주제들 중에 골라서 연수 주제로 삼는 경우가 많고, 아니면 자기가 주제를 만들어낼 수도 있고요. 골라온 주제가 마음에 안 들면 자기가 주제를 맞추고 이 주제를 같이 공부하고 싶은 사람 자기가 끌어 모으면 그 주제가 선택 되거든요. 강사를 초대하거나 자기들이 찾아가거나 그럴 수가 있고요." (F교사)

136

교사들은 구체적인 교내외 프로그램을 통해 전문성을 키우기도 한다. C교사는 기독교사로 성장하는 과정에 참여한 수업코칭, 회복적생활교육 같은 프로그램에서 얻은 전문가들의 도움을 꼽는다.

"저는 수업코칭을 몇 번 받았고 많은 도움을 받았어요. 교사들이 수업을 마친 후 지난 수업에 대해서는 별로 생각하지 않고 다음 수업을 생각하거든요. 묻고 그랬죠. 그러나 본인이 했던 수업을 돌아보게 해주는데 그것만으로도 도움이 되었어요. [중략] 또 회복적 정의 서클활동에 대한 지도도 도움이 되었어요. 이런 전문가들의 방문과 교제가 이뤄지는 것과 그렇지 않은 것은 큰 차이가 있는 것 같아요." (C교사)

교사의 전문성 성장은 외부 연수나 모임 참여를 통해 이뤄지기도 하는데 면담참여 교사들은 이에 대한 유익과 한계를 동시에 언급하였다. 외부기관에서 시행하는 연수나 모임은 여러 학교의 교사와 교류하며 서로 정보를 교환한다는 유익이 있지만 학교 마다의 특성이 있어서 일률적으로 자신의 학교현장에 적용하기 어려운 한계가 있다는 의미이다. 기독교대안학교는 각기 독특성을 가지고 있기에 다른 학교와의 네트워크로 채워지지 않는 고유한 부분을 인정하고 스스로 탐색해야 한다.

"외부활동을 하는 교사를 통해 공교육에서 기독교대안학교에서 시도하는 것보다 더 대안적인 교육활동을 하고 있는 것을 듣게 돼요. 사회는 4차 산업혁명시대라며 급변하고 있는데 우리 기독교학교들은 그에 대한 준비가 없어요. [중략] 교사연수가 있으면 원하는 교사들이 참여하도록 지원해주는 것이 중요하죠. 교사들이 외부 네트워크를 통해 성장시키는 것만큼 학교에 대한 투자가 없다고 생각이 듭니다." (F교사)

"대안학교마다 특성이 너무 뚜렷해서 다른 학교의 접근이나 프로그램을 그대로 적용하기는 어려워요. 배우는 내용이나 주제가 거의 다 정해져 있다고 해도 그걸 어떻게 가르치는가 하는 것은 학교마다 달라서 그 부분은 도움이 되요. [중략] 동료 교과교사로부터 각 학교에서 어떻게 특정 주제를 다루었는지 사례 공유 정도를 할 수 있는 장이 있으면 좋을 것 같아요." (E교사)

학교리더에게 외부 연수나 교육의 의미는 남다르다. 기독교사연합모임이나 대안학교 연합체의 참여는 학교 리더급에 있는 G교사에게 배움을 줄 뿐 아니라 격려의 의미도 있다. 결국 기독교사의 성장은 동역자가 필요하다.

"제일 서로 격려 받을 때는 공감해줄 수 있는 사람 있을 때잖아요. 제가 보기에 기독교사들 제일 중요한 것 중에 하나가 본인들의 어려움을 좀 소통하고 토론할 수 있는 토론에요. 제가 교사를 하면서 어려웠던 부분 중 하나는 말수가 많이 줄어요. 이야기를 하는 게 학생들에 대한 이야기이고 생활 대부분이 학교에서 이뤄지니 자칫 다른 교사와의 대화가 학생들 보기에는 자신들 험담으로 생각할 부분이 있어요. 그런데 외부 연합모임에서 다른 대안학교 교사와 소통하다보면 그런 것이 좀 해소가 되는 것 같아요." (G교사)

더하여 학부과정에서 교육적 지식을 접할 기회가 제한적이었던 교사의 경우에는 교육학적 지식을 갖추기 위한 대학원 과정을 중요한 성장의 계기로 꼽고 있다.

7. 전문성 성장의 동력은 설렘이 있는 소명

기독교사는 자신의 정체성과 전문성에 회의가 들 때, 어렵고 도전되는 터널 같은 시기를 어떻게 통과할까. 기독교대안학교 교사에게 중요한 것 중의 하나는 소명이다. 의미 있는 일을 하고 있다는 소명의 확신도 필요하고, 소명이 흐려질 때 회복을 돕는 공동체의 지지도 중요하다.

"부르심을 확인하게 되는 때는 특히 성인이 된 졸업생들로부터 학교에서 배웠던 이런 것이 도움이 되었다는 진솔한 고백들을 들을 때에요. 내가 있던 자리에서 하나님이 섭리하심을 확인하는 것, 그래도 내가 의미 있는 일을 감당하고 있구나 생각을 하게 되지요. [중략] 개인적으로는 하나님과의 소통으로 다시 소명을 확인하는 것이 필요할 것 같구요, 공동체적으로는 리더십과 함께 방향을 재점검하고 세우는 것이 필요할 것 같아요." (F교사)

그런데 기독교대안학교는 그 교육의 특성과 방향에서 다양한 유형이 있으므로 이를 고려할 때 자신의 소명이 잘 뿌리내릴 수 있는 학교공동체와 연합되는 것이 중요하다.

"부르심이 있더라도 자신에게 맞는 공동체와의 연결이 중요한 것 같아요. 저희 학교에 1년만 계셨던 분이 다른 학교에서 10년 가까이 계시는 것 보면 저희 학교에 있을 때 기독교교사로 부르심이 없는 것이 아니라 이 학교에 부르심이 없는 거죠. 각 기독교대안학교가 지향하는 기독교교육의 모습이 다양하니 자신의 부르심에 맞는 공동체를 찾는 것이 소명을 뿌리내리는 좋은 길인 것 같아요."
(F교사)

그럼 부르심을 어떻게 확인하는가. 소명은 다양한 방법으로 확인된다. 교사들마다 다양한 고백을 한다. D교사는 '두근거림'이라 했고 이를 '순수하고 사랑스런 아이들에 대한 마음이 유지되는 증거'로 보았다. F교사는 자신에 맞는 변화와 상황으로 이끄시는 '나를 아시는 하나님의 인도하심에 대한 확신'이라 했다. 초보 교사인 A교사는 '학생의 달라진 표정'이라고 했다. 그리고 F교사는 '학생 사랑은 오만가지를 가능케 한다'고 말한다.

"가정의 어려움으로 인해 어른을 믿지 못하는 학생이 있어서 함께 마주 앉아 대화하는 것조차 처음에는 어려웠어요. 함께 먹고, 게임도 같이 하고, 산책도 하며 그 친구에게 다가가려 했습니다. 방학 중 시간을 내어 학급여행을 다녀오기도 했어요. 학급여행 후 그 친구 표정이 달라지기 시작했는데, 그 달라진 표정이 얼마나 기뻤는지 몰라요. 그 기쁨이 제게 큰 힘이 되었어요."
(A교사)

VI. 나가는 말

본 연구는 설문조사와 면담을 병행하여 270여명 교사들의 설문 응답과 7인의 기독교대안학교 교사들의 이야기를 분석한 후 이들이 인식하는 교사의 전문성과 성장방식을 살펴보았다. 설문조사와 면담이라는 두 접근을 혼합하여 기독교대안학교 교사의 전문성과 성장방식에 대해 얻을 수 있는 결론은 다섯 가지로 정리할 수 있다.

첫째, 기독교대안학교 교사의 전문성은 복합적이며 총체적이며 융합적이다. 복합적 교사 전문성이란 교사가 알아야 할 지식을 다루는 지식기반 전문성, 소명의식을 비롯한 교사의 자질을 다루는 신념 혹은 태도 기반의 전문성, 그리고 다양한 역량 혹은 실천능력의 전문성을 두루 포함한다는 의미이다. 설문참여 교사들은 학생의 특성에 대한 이해, 기독교세계관에 기초한 수업운영과 학생과의 소통, 그리고 기독교사로서의 소명과 정체성을 기독교대안학교 교사의 중요한 전문성으로 보고 있다. 즉, 교사전문성의 실천능력, 지식영역, 태도 영역을 모두 아우르는 셈이다. 이런 결과는 면담을 통해서도 뒷받침 되었다.

면담참여 교사들은 중요한 전문성의 영역으로 먼저 소통과 관계 역량을 꼽았고, 기독교적 관점에서 교과를 재해석하여 수업을 운영하는 교과 전문성을 강조하였다. 이런 결과는 기독교대안학교에서 필요로 하는 교사는 영성과 인성, 지성과 전문성을 갖춘 소명 있는 교사라는 선행연구의 결과와 맥을 같이 한다 (Braley, Layman & White, 2003; 박상진, 2006; 정신애, 2015; 조인진, 2008).

특히 소통과 관계의 전문성이 반복적으로 강조되었는데 그 배경에는 학생 개개인을 위한 맞춤형 학습지도, 학업 동기 부여, 개별 생활 상담 등 학생과의 관계 형성 및 학업 지도의 필요가 있었다. 결국 소통과 관계의 전문성은 수업의 전문성, 학생상담의 전문성 등 교사의 전 활동영역과 연결되는 성격이 있다. 또 소통의 대상은 학생 뿐 아니라 동료 교사를 비롯한 학교 공동체의 구성원 모두가 해당되었고, 교사로서의 소명이나 정체성 역시 학교 공동체 내에서 재확인되고 정립되고 있었다. 결국 기독교대안학교의 교사 전문성은 일반적인 교과전문성에 더하여 소통과 관계의 전문성, 소명과 정체성까지 포괄한 복합적 개념으로 이해해야 한다.

둘째, 기독교대안학교 교사들은 '부르심의 터' 위에서 '끊임없이 배우고 시도'하며, 이를 '공동체 안에서 나누며' 성장한다. 대안학교 교사들은 교사 경력이 많아질수록 교사 전문성의 각 요소를 갖춘 정도가 높아지는 형태를 보였다. 과연 전문성 성장에는 무엇이 도움이 된 것인가. 소명에 반응하고자 하는 결단, 지속적으로 배우고자 하는 겸손한 태도, 그리고 소명과 배움의 열정을 구체화시키는 교사공동체, 이 세 가지를 꼽을 수 있다.

연구에 참여한 기독교대안학교 교사들은 교육현장에서 부딪치는 다양한 사안과 주제를 해결하기 위해 끊임없이 배워야 함을 강조했다. 교과든 학생상담이든 교사의 전문성은 끊임없는 배움을 통해 성장하는 것이기에 교사는 동시에 전문적인 학습자가 되어야 한다. 이러한 성장과 배움의 열정은 소명의식에서 비롯된다. 가르침 역시 교과영역에서의 신상고백으로 보고 학급경영을 위해 영적 민감성을 갖고자 하는 노력은 모두 기독교사로의 부르심에 대한 책임있는 반응이다. 그리고 이들의 소명과 배움의 태도는 교사공동체 안에서 재확인되고 구체화된다. 면담 참여교사들은 자신의 전문성 성장에는 동료 혹은 선배교사의 멘토링, 공식적 교사개발 프로그램, 교내 소그룹 교사연구모임 등이 도움이 되었다고 했다. 기독교대안학교 교사들의 성장에는 배운 것을 서로 공유하고 상호 독려하는 교사 공동체가 있고 구체적이고 지속적인 교사개발의 장이 마련되어 있다.

셋째, 교사 전문성 성장을 위해서는 교사의 생애경력에 따라 접근을 달리하는 것이 중요하다. 초임교사 기간에는 교사공동체의 그룹 혹은 개인 멘토링이 중요한데 이는 소속된 학교 공동체의 특성과 방식을 파악하고 그 구성원으로 적응하기에 적합하기 때문이다. 그러나 고경력자에게 필요한 전문성은 때로 소속 공동체에서만 얻어질 수 있는 것이 아니다. 설문조사에서 나타난 것처럼 고경력자는 현 사회의 변화와 교육 흐름을 파악하고 학교의 방향을 재점검하고자 하는 필요에 대해 다른 경력의 교사들보다 민감하다. 한 면담참여자가 말한 바와 같이 이들에게는 이러한 질문에 대한 답을 찾을 수 있는 외부의 자원이나 비슷한 고민과 질문을 가지고 있는 외부 교사들과의 교류가 필요하다. 따라서 교사 전문성 성장을 돕기 위해서는 교사들의 생애경력에 따라 각 필요를 채워주는 접근이 되어야 한다.

넷째, 기독교대안학교 교사들에게 부여된 자율성은 이들을 책임 있는 기독교사로 성장하게 한다. 일반 학교 조직이나 체계, 교육과정과는 다르게 운영하는 기독교 대안학교의 경우 개별 교사 역시 교사수준의 수업이나 활동에서 새로운 시도와 변화를 할 수 있는 자율성을 중요하게 보고 있다. 개별 교사의 차원에서는 자기계발과 배움의 욕구와 태도가 있어야 하고, 학교의 차원에서는 교사의 자율성을 존중하는 학교 환경이 마련되어야 한다는 것이다. 특히 수업디자인, 수업운영, 학생상담, 교실 경영 등 다양한 활동 영역에서 자율성을 부여하는 학교 환경에서는 교사가 그 자율성을 책임으로 인식하게 되고 각 활동을 책임 있게 하기 위한 자기계발과 배움이 필수적이 되는 상호관계가 만들어진다.

그런데 동시에 기독교대안학교 교사들은 자율성에 대해 복잡한 감정을 갖기도 한다. 학교의 비전과 특성에 따라 교과과정을 개발하고 운영할 때 그 자율성이 기독교 대안학교의 특징임을 좋아하고 열정을 쏟으면서도 동시에 분야 개척자가 흔히 가지는 책임을 부담스러워 하는 면이 있다. 이를 해소하기 위해서는 지원체계가 마련되어야 한다. 앞서 언급한 교내 교사공동체 멘토링이나 연구모임을 활성화하고 필요에 따라 외부자원 및 네트워크를 활용할 수 있는 온·오프라인 공간이 필요하다.

다섯째, 기독교대안학교 연합체나 교원단체, 전문기관에서 진행하는 전문성 향상을 위한 접근에는 만족도 차이가 커서 이에 대한 추가 분석과 개선의 노력이 필요하다. 설문조사의 경우 응답자의 70% 이상이 교사단체나 기관의 교사교육에 참여했고 응답자 중 약 35% 이상이 외부 교사연구모임에 1회 이상 참여했다. 그러나 도움 정도는 전자의 경우 3.28로 '어느 정도 도움'에 못 미치고 후자는 2.49로 '별로 도움 되지 않음'과 '보통'의 사이에 위치하고 있다. 면담에 참여한 교사들 역시 교사의 필요나 공동관심사를 이끌기에 용이한 교내 멘토링이나 자체 연수 프로그램을 선호한다고 말하고 있으니 외부 기관의 프로그램에 대한 선호도와 만족도를 높이기 위한 노력이 필요하다.

이를 위해서는 기독교대안학교 교사들의 전문성 개발을 위한 교육요구 반영 정도, 참여수준 및 강도, 효과 및 저해요인 등 그간 외부 단체나 기관의 지원과 노력의 성과에 대한 전반적 검토가 필요할 것으로 보인다. 기관중심 교사전문성 개발활동 보다는 교사중심의 활동이 더 효과가 크고, 일회성보다는 장기적이고 지속적인 접근이 도움이 된다는 메타분석의 결과도 참고할 수 있겠다(2019).

학교공동체에서 교사가 차지하는 중요한 역할은 "학교는 곧 교사다"라는 문장에 나타나 있다. Engelsma(2000: 61)의 이 말을 인용한 정신애(2015)는 일반 공교육과 구분되는 기독교대안학교의 교사상으로 소명의식, 영성 및 영성 성숙에 대한 결단, 기독교세계관으로 교과교육을 실행하는 능력, 세 가지를 꼽은 바 있다. 본 연구에 설문조사나 면담으로 참여한 기독교대안학교 교사들은 이러한 교사상을 반영하면서 지금도 기독교사로서의 부르심을 토대로 하여 기독교세계관과 연계된 교과전문성과 다양한 공동체 구성원과의 관계전문성을 아우르며 성장하고 있다.

리더의 입장에서 보면, 기독교대안학교 교사도 경력에
따라 필요한 교육이 다르다는 생각이 들 때가 있어요.
먼저 저경력 교사들은 기독교세계관에 대한 이해가 필요한
것 같아요. 공립학교 경험이 있는 분들도 그 프레임을 극복하는
훈련이 필요하고요. 중경력 교사가 되면, 입시의 장벽에
부딪히곤 하지요. 또 고경력 교사들은 관계적, 상황적
측면에서 어려움이 있는 것 같아요. 계속해서 이 일을 지속할
수 있을지에 대한 고민, 성장하고 싶고 이야기하고 싶은 욕구와
필요 등을 어떻게 도울 수 있을지 고민이에요.

함께 생각할 질문

이 장과 관련된 자신의 경험을 되돌아보고 함께 생각을 나누어보세요.

1. 교사의 '전문성'의 개념(의미와 요소)에서 새롭게 발견한 것은 무엇인가요?

2. 교사 전문성에 대한 설문과 면담분석 결과 중 가장 인상적인 것은 무엇인가요?

3. 교사의 전문성을 신장하기 위해 어떤 노력이 필요하다고 생각하나요?

제4장

교사 교육

김성천 교수

_ 성균관대학교(Ph.D.)
_ 현, 한국교원대학교 교육정책전문대학원 교수
　　한국교원대학교 종합교육연수원 부원장
　　교육정책디자인연구소장
_ 전, 경기도교육연구원 연구위원
　　경기도교육청 정책기획관실 장학사

제4장

기독교대안학교 교사, 어떻게 양성하고 재교육 할 수 있을까? [5]

I. 들어가는 말

기독교대안학교는 공립학교 내지는 일반 대안학교 이상으로 복잡한 논의의 층위를 지니고 있다. 기독교, 대안교육, 학교라는 3가지 요소를 함께 고려해야 하기 때문이다. 곽광(2010)은 기독교대안학교는 '기독교성,' '대안성,' '학교성'이 조화를 이루면서 강조되는 특성을 지녔다면서, 공동체 의식 강화, 기독교세계관을 지닌 교사 정체성 확립, 교회의 관심 촉구를 제안하였다. '기독교성'은 교육을 통해서 기독교세계관을 가르치고, 내면화하고, 실현하겠다는 의미를 지닌다. '대안성'은 공교육이 지닌 한계를 인식하고, 공교

5) "기독대안학교 교사 양성과 재교육 시스템의 변화 방향."
　본 장은 『신앙과 학문』, 제25권 3호(2020. 9.), 37-75에 게재되었습니다.

육의 철학과 방법을 달리하여 적용하겠다는 의미를 지닌다. '학교성'은 학교가 지닌 속성을 고려한 개념으로서, 시설, 인사, 조직, 행정, 교육과정-수업-평가, 생활지도 및 학급운영, 의사소통 구조 등 보편적 체계를 갖추어 운영해야 함을 의미한다. 기독교대안학교는 일반학교의 '기본기'를 갖추면서도, 대안교육과 기독학교의 '3중 정체성'을 동시에 충족해야 하는 어려운 과제를 안고 있다.

이종태 외(2005: 12-19)는 대안학교의 주요 특성으로 철학교육, 노작교육, 지식교육·감성교육·사회의식교육의 조화, 실생활 교육, 진로탐색교육, 문화적 감수성 신장 등을 제시하였다. 그러나 운영상의 한계로서 교과목 독자 개발에 따른 부담 증가, 열악한 재정 능력, 다양한 요구에 따른 교육과정의 나열화 경향을 제시하였으며, 극복과제로서 단위학교 주체 형성의 취약, 주체간 인식 공유 미흡, 자기 성찰 부재, 교사 역량의 한계 등을 제시하였다. 이 연구는 대안학교 법제화에 대해서 대안교육 주체들의 노력을 공식적으로 인정받는 계기가 되며, 지속성을 높일 수 있고, 대안교육의 발전의 계기가 된다는 점을 근거로 들어 긍정적으로 평가하였다. 2005년도의 연구에서 제시된 대안교육의 실태와 한계에 관한 진단이 현 시점에서도 유효한 점을 인정하지 않을 수 없다. 박상진·이종철(2019: 34)에 의하면 인가형 대안학교가 63개인 반면에 미인가 대안학교는 385개 이상으로 추정되는데, 그 중에서도 기독교대안학교는 230개 이상에 달한다. 이처럼 일반 대안교육에 비해 공교육의 지원 체계에서 기독교대안학교는 더욱 소외되고 있다. 한병선(2006)은 우리나라의 대안교육이 자생성, 운동성과 연대성의 속성을 지니다가 2000년대에 들어서면서 제도권 교육과 대안교육이 상호협력을 하는 시기에 접어들었다고 바라보았지만, 기독교대안학교는 비제도권 영역에서 자생적으로 교육의 한 축을 오랜 세월 감당하고 있었다고 봐도 과언이 아니다. 기독교대안학교는 인가학교 외에 비인가형 학교까지 포함되어 있고, 그 스펙트럼이 매우 넓다. 박상진·조인진(2011)은 기독교대안학교를 국제성, 수월성, 긍휼성, 대안성, 기독교성으로 나누어 25개 학교를 유형화하여 기독교 국제학교, 기독교 수월성 학교, 기독교 긍휼학교, 대안기독교학교, 기독교미인가학교로 분류하였다. 이 연구는 기독교대안학교의 목적과 지향에 학교간 차이 내지는 분화 현상이 발생하고 있음을 시사한다.

노상우·고현수·권희숙(2010)은 3개 대안고등학교를 졸업한 6명의 학생들을 대상으로 교사 만족도에 대한 내러티브 연구를 실시한 결과, 학생들의 학교 및 교사에 대한 만족도가 높았는데, 일반학교와 비교하였을 때 교사들이 아이들을 대하는 모습에서 차이가 있다고 분석하였다. 이는 공교육과는 다른 양상의 문화와 관계맺음의 방식이 대안학교에서 작용하고 있음을 시사한다. 그러나 한병선(2006)은 대안교육의 제도적 성과와 내용적 성과가 존재했다고 평가하면서도 대안학교 교사의 자격과 양성문제에 관한 과제가 남아있다고 진단하였다. 배지현 외(2013)는 다과목 내지는 특성화과목을 가르치는 교사들이 개인연구 차원으로 전문성을 쌓는 방식보다는 교사재교육을 위한 지원 프로그램이 필요하다고 제언하였다. 결국 대안교육이 미래교육에 관한 다양한 실험을 할 수 있는 학교로 자리매김하려면 교사의 역량이 뒤따라야 하고, 이를 위한 지원 시스템을 구축해야 한다. 대안학교 내지는 기독교대안학교에 관련 연구물들은 대안학교가 지닌 한계와 과제를 제시하였는데 공통적으로 교사의 자격 내지는 전문성 확보를 위한 대안을 꾸준히 제시하고 있다. 기독교대안학교 역시 교사 전문성 성장에 주목한다. 김명자(2014: 31-37)는 기독교대안학교 교사로서 준비과정 부족을 지적하면서 기독교사를 위한 예비교사과정이나 계속교육과정의 체계화를 강조하였다. 이종우(2012)는 4개 광역지역의 기독교대안학교 교사들 171명을 대상으로 실시한 설문조사 분석을 바탕으로 교사들의 교육만족도라든지 참여율 등은 전반적으로 높게 나타났지만, 예비교육은 취약한 상황으로 진단하면서 교사교육의 활성화 방안을 제시하였다. 이 연구에서는 대안학교 교사자격증 제도 도입이 필요하다고 보고, 신학대학 및 기독교대학 내 기독교대안학교교육과 개설, 기독교대안교육 연구소에서 교사교육과정 개설 및 운영, 기독교대안교육협의회에서 운영하는 방안을 제시하였다. 이 연구는 예비교사들과 혁신교사들을 위한 방학집중 코스 개발, 예비교사를 위한 집중과정 활성화, 교사자격증 급수를 정하고 이에 따른 인센티브 부여, 한국교회의 재정적 지원 강화, 대안학교 평가인증제 실시 및 강화를 제안하였다. 한편, 대안학교의 법제화에 관한 논의에서도 교원의 양성과 전문성 함양은 비중 있게 다루어진다. 이병환(2007)은 대안학교의 법제화가 성공하기 위해서는 대안학교에 대한 이해가 필요하며, 대안학교 스스로도 책무성 강화라든지 교과 전문성 함양을 위한 노력을 기울여야 한다고 제안하였다. 황준성·이혜영(2010)은 비(미)인가 대안학교의 불안한 법적 지위, 재정 부족에 의한 교육의 질 저하의 문제를 타개할 수 있는 방안으로서 새로운 법률 제정이 필요하다고 주장한다. 이 연구는 합리적인 등록 요건 제시, 대안학교에 대한 시도교육감의 권한 이양, 국가나 지방자치단체의 행·재정적 지원 근거 마련 등을 제시하였다. 이 연구에서는 교원의 자격체계를 논의하였는데. 산학겸임교사제도의 규정은 근본 해결책이 될 수 없고, 대안교육 자체가 기존 학교와 달리 특성화 교과가 차지하는 비중이 높기 때문에 교사 자격증 소지 교사의 배치 기준을 전체 교원의 일정 비율(1/3에서 2/3)로 최소화하고, 기존 활동경력을 인정하여 대안교육 교원자격증을 수여하는 등 전향적 방법을 모색해야 한다고 제안한다. 심대현(2018: 134-191)은 각종학교 형태 대안학교를 보면, 사립학교 비율이 전체의 약 74%를 차지하는데 그 비중이 지나치게 높고, 설립절차 및 운영시스템, 재정 등에서 공적 관리가 되지 않은 시스템을 문제 삼으면서 교원자격검정령을 개정하여 중등학교 정교사(2급) 자격을 취득한 자 또는 이에 준하는 교육경력을 가진 자로서 교육감의 인정을 받은 자로 자격요건을 완화 내지는 확대하자고 제안하였다. 이처럼 대안학교의 법제화 과정에서 교원양성, 자격, 연수는 핵심적인 쟁점이 될 수 있다. 그러나 기독교대안학교 교원을 어떻게 양성화하고, 자격체계를 어떻게 구성할 것인가에 관한 연구는 드물다. 한편, 김재준(2004)은 기독교대안학교의 교사들이 갖추어야 할 모습으로 영성, 지, 덕, 체를 강조하였다. 이 연구에서는 기독교대안학교에서 일하고 싶어 하는 예비교사를 위한 양성과정, 재정적 어려움을 극복하기 위해서 교회나 교단차원의 협력사업, 대안학교협의체 구성과 부모교육을 제안하였다. 조영미(2016)은 공주대 재학생들의 대안교육 인식을 살펴보았는데, 대안교육에 대해서 긍정적으로 평가하였고, 대안교육 관련 프로그램에 대한 예비교원의 관심과 참여의지가 높았다. 교·사대 교육과정에서도 대안교육에 관해 이해도를 높일 수 있는 교과목 개설 등이 필요함을 이 연구는 시사한다. 이러한 연구들은 대안학교와 기독교대안학교의 교사의 자격체계 내지는 양성과정, 현직교원의 전문성 성장이 향후 대안교육의 질적 성숙 내지는 지속가능성을 높이는데 핵심 과제로 인식하고 있음을 시사한다.

대안학교 내지는 기독교대안학교의 교원에 관한 연구는 다변화되고 있다. 이현주·배상훈(2018)의 연구는 교장의 변혁적 리더십이 교사의 조직 몰입에 긍정 영향을 미치고 있고, 교사의 교장에 대한 신뢰수준이라든지 교사와 교장 간 의사소통 수준이 조직 몰입에 기여할 수 있음을 시사한다. 대안학교 교장의 리더십뿐만 아니라 향후 기독교대안학교 교사의 리더십 등도 심층적으로 밝힐 필요가 있다. 이학춘·심대현(2017)은 대안학교의 수요 자체가 안정적이지 않기 때문에 비인가 대안학교가 생기고 있으며, 다양한 환경에 처한 학생들에게 교육기회를 제공하는 측면도 있지만 불안전한 법적 지위, 교육의 질적 수준, 교원의 전문성 확보 등의 문제를 안고 있다고 보고, 이를 해소해야 한다고 주장한다. 이 연구는 대안학교를 바라보는 관점과 시각의 전환을 통해서 비인가 대안교육시설까지 포함한 완전 지원이 필요하다고 제언한다.

기독교대안학교는 교사를 선발할 때 어떤 기준으로 제시하고 있는가를 살펴본 연구도 있다. 박상진·이종철(2019: 74-75)는 62개교 기독교대안학교 교사 선발기준을 제시하였다. 선발기준은 영성 〉 소명의식 〉 인성 〉 교사 자격증 여부 〉 교과에 대한 기독교세계관 해석능력 〉 학교 이념 동의 〉 교사경력 〉 외국어구사능력 〉 선교단체훈련여부 〉 기타 순으로 나타났다. 이러한 선발기준은 기독교대안학교가 공교육 내지는 일반대안학교와는 다른 차원에서 교사를 바라보고 있음을 시사한다. 박상진·이종철(2019: 80) 연구에서는 미인가형 기독교대안학교의 교원자격증 소지자 비율이 2006년 60.6%, 2011년

53.1%, 2016년 40.0%로 지속적으로 하락하고 있다고 밝혔다. 2016년 기독교대안학교 유형별 대안학교 자격증 소지자를 분석하였는데, 특성화학교(5개교) 78.60%, 위탁대안학교(4개) 37.40%, 미인가대안학교(54개) 40.00%로 나타났다. 이처럼 기독교대안학교의 교원자격증 소지자 비율은 해마다 낮아지는 추세이다. 초등 기독교대안학교의 경우, 사실상 교원자격증을 지닌 교사를 확보하기 어렵고, 특성화 교과가 많이 늘어난 점, 미인가형 학교는 교원자격증을 선발의 핵심 요건으로 보지 않는 점 등이 작용한 결과로 보인다. 그러나 교원자격증 소지자 비율이 지속적으로 낮아지면 향후 대안학교의 제도화 과정에서 부담으로 작용할 수 있기 때문에 어떤 방식으로든 해소할 필요가 있다.

인간은 제도의 영향을 받지만, 제도를 바꾸기도 한다. 제도와 인간의 상호작용을 규명하려는 시도가 있었고, 경로의존성을 넘어 제도 변형이 어떻게 이루어지는가는 신제도주의의 관심사이다. DiMaggio와 Powell(1983)은 동형화(isomorphism)의 관점에서 조직을 설명하는데, 그 이유에 대해서 강제적 동형화, 모방적 동형화, 규범적 동형화로 설명한다. 강제적 동형화는 법률 규정을, 모방적 동형화는 성공사례를 스스로 따라하면서 표준화가 이루어지는 경우를, 규범적 동형화는 전문가 집단을 중심으로 내적 기준과 규범을 스스로 만들고 이를 따르면서 나타난 현상을 의미한다. 공교육에서는 법률 규정을 엄격하게 적용받지만, 미인가형 기독교대안학교는 그렇지 않다. 그러나 모방적 동형화 내지는 규범적 동형화를 통해서 기독교대안학교 나름의 특성과 성향이 만들어질 것이다. 향후, 기독교대안학교가 제도화된다면 교원 양성과 자격, 선발 체계를 공교육 체계와 유사하게 동형화를 추구할 것인지 아니면 특

수성을 인정받는 이형화를 추구할 것인가에 관한 판단이 필요하다. Streeck
과 Thelen(2005)는 층화(layering), 표류(drift), 전환(conversion), 대체
(displacement)의 과정을 거쳐 제도가 변동된다고 보았다. 층화는 기존의 제
도에 새로운 요소들이 추가되어 변형을 일으키며, 표류는 기존 방식이 외형으
로는 안정화되었지만 실제로는 제 기능을 하지 못하는 상태를 말한다. 현재 기
독교대안학교는 공교육의 교원양성과 자격체계를 완전히 대체하지 않은 상태
에서 일부 제도를 변형하여 적용하고 있다. 이런 상황에서 새로운 제도로 대체
(displacement)를 시도할 것인지, 아니면 기존의 시스템을 활용하되 새로운
목적을 이루게 하는 전환(conversion)을 시도할 것인가를 판단해야 한다.

교원양성과 자격을 포함한 기독교대안학교의 제도화를 추진하는 과정에서
기독교대안학교의 맥락과 특성을 고려하지 않으면 정책과 현장의 괴리 현상은

심화될 수 있다. 이러한 문제는 법제적 특성과 당위성만으로 그 길을 찾기 어
렵다. 기독교대안학교 교원을 어떤 방식으로 양성해야하는가? 기존의 교·사
대 교육과정의 이수라든지 공교육 교사 경험은 대안학교의 직무를 수행하는데
어떤 도움을 주는가? 기독교대안학교 교사들은 어떤 어려움을 경험하고 있는
가? 이러한 질문은 향후 기독교대안학교의 제도화를 위한 기초 자료를 형성하
는데 도움이 될 것이다. 결국, 기독교대안학교의 특수성과 현장성을 바탕으로
기독교대안학교 교원양성과 교원재교육의 방향을 설정해야 한다. 그렇지 않으
면 공교육의 연장선상에서 대안학교 내지는 기독교대안학교의 제도화를 일방
적으로 추진할 가능성이 있다. 본 연구는 기독교대안학교 현장에서 교원 경험
을 축적한 이들을 대상으로 설문조사와 면담을 실시하였다. 본 연구는 양적연

구와 질적연구를 결합한 혼합연구방법론(mixed methods research)을 적용하여, 설문조사만으로 확인하기 어려운 맥락과 요인을 구체적으로 살펴보기 위하여 면담을 추가 분석하였다. 본 연구는 기독교대안학교의 교원양성체계와 현직교원의 재교육 시스템의 재구조화를 모색하면서, 관련 쟁점을 살펴보고, 그 방향을 제시하는데 목적이 있다. 본 연구의 주제는 다음과 같다.

- 기독교대안학교 교사들은 기독교대안학교 교원의 양성체계에 대해서 어떤 방식을 선호하는가?

- 기독교대안학교 교사들의 관점에서 본 '기독교대안학교 적응의 어려움과 한계 요인'은 무엇인가?

- 교·사대교육과정 및 공교육 교사 경험은 기독교대안학교 교사로 살아가는데 도움이 되는 측면과 그렇지 않은 측면은 무엇인가?

- 기독교대안학교 교원양성과 교원재교육의 방향은 무엇인가?

II. 설문분석 결과

1. 설문 응답자의 기초 사항

기독교학교교육연구소의 협조를 받아 40개교를 대상으로 설문지를 배포하였고, 27개교 학교에서 설문지를 회수하였다. 설문기간은 2019년 9월-10월이었다. 분석 도구는 IBM SPSS 21.0 프로그램을 사용하였으며, 빈도분석, 기술통계, T검정을 적용했다. 설문조사에는 331명이 응답하였으며, 일반적

[그림1] 연구 참여자(설문) *N : 331

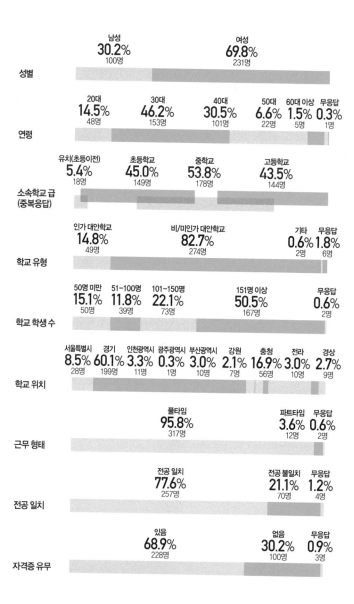

배경에서 주요 변인은 응답자의 성별, 연령, 소속 학교급, 학교유형 등으로 [그림1]과 같다.

응답자의 성별은 남성 100명(30.2%), 여성 231명(69.8%)이 참여하였다. 응답자의 연령은 20대 48명(14.5%), 30대 13명(46.2%), 40대 101명(30.5%), 50대 22명(6.6%), 60대 이상 5명(1.5%)로 나타났다. 30대(46.2%)가 가장 많고 40대(30.5%)가 그 다음 순이었으며, 60대 이상이(1.5%) 가장 낮고 50대(6.6%)도 응답률이 낮게 나타났다. 응답자의 소속 학교 급(중복 응답결과)은 중학교 178명(53.8%) 〉 초등학교 149명(45.0%) 〉 고등학교 144명(43.5%) 〉 유치원 18명(5.4%) 순으로 나타났다. 학교 유형은 미인가 대안학교 274명(82.7%)가 가장 많았으며, 인가 대안학교 49명(14.8%), 기타 2명(0.6%) 순으로 나타났다. 학교 학생 수는 151명 이상이(50.5%) 가장 많았으며, 101-150명(22.1%), 50명 미만(15.1%), 51-100명(11.8%) 순으로 나타났다. 학교 위치는 경기도 199명(60.1%) 〉 충청도 56명(16.9%) 〉 서울 28명(8.5%) 순으로 나타났다. 근무 형태는 풀타임 교사 317명(95.8%), 파트타임 교사 12명(3.6%) 순으로 나타났다. 전공과 현재 가르치는 과목은 일치 257명(77.6%), 불일치 70명(21.1%), 무응답 4명(1.2%) 순으로 나타났다. 교사 자격증 소지자는 228명(68.9%), 미소지자는 100명(30.2%)로 나타났다. 응답자의 경력은 공교육 경력과 대안학교, 총경력을 살펴보았는데, 대체적으로 10년차 이하가 압도적이었다. 공교육 경력은 1년 미만 206명(62.2%), 1년-5년 84명(25.5%), 6년-10년 27명(8.2%)로 나타났다. 11년-20년은 9명(2.7%)로 나타났다. 대안학교 경력은 1년 미만 27명(8.2%), 1년-5년 156명(47.1%), 6년-10년 112명

(33.8%), 11년-20년 34명(10.3%) 수준으로 나타났다. 총경력은 1년 미만 19명(5.7%), 1년-5년 118명(35.6%), 6년-10년 117명(35.3%). 11년-20년 63명(19.0%), 21년-30년 8명(2.4%), 31년 이상 4명(1.2%)로 나타났다.

2. 교사 양성 및 재교육 시스템

빈도분석과 기술분석을 시행하였으며 자세한 내용은 〈표1〉과 같다. 각 항목별 평균은 2.57~3.88 범위에서 나타났다(5점 만점). 설문 항목별 평균은 문항 18(우리 학교는 교사의 성장을 위한 다양한 연수 프로그램에 참여하도록 지원하고 있다)이 평균 3.88점으로 가장 높게 나타났다. 그 다음은 문항 14(교직과정 또는 교·사대와 같은 공교육 교원양성과정의 경험이 대안학교 교원의 직무를 수행하는데 도움이 된다)가 3.83로 높게 나타났다. 반면, 문항 20(대안학교 교사의 전문성 향상을 돕는 재교육시스템은 충분한 편이다)은 2.57로 가장 낮게 나타났다.

"대안학교 교사가 되기 위해서 공교육에서 필요로 하는 교원자격증(1정, 2정) 소지가 필요하다"는 항목의 경우, 필요하다는 답변이 많았다. 매우 그렇다 63명(19%), 그렇다 142명(42.9%)로 나타났다. 61.9%가 필요하다고 응답했다. 보통이다는 67명(20.2%), 그렇지 않다는 55명(16.6%)로 나타났다. 평균값은 3.57로 나타났다. 대안학교에서 공교육에서 필요로 하는 교원자격증이 필요한가에 대해서는 교육에 관한 기본 학습과정을 거쳐서 입직할 필요가 있다는 의견에 대한 지지가 높았다. "교직과정 또는 교·사대와 같은 공교육 교원양성과정의 경험이 대안학교 교원의 직무를 수행하는데 도움이 된다"는 항목에는 매우 그렇다 70명(21.1%), 그렇다 178명(53.8%)로 나타났다. 74.9%가 긍정하였다. 평균값은 3.83이었다. 교원자격증과 같은 맥락에서 교·사대와 같은 공교육 교원양성과정에 대해서 부정적 견해보다는 필요하다는 의견이 높았다. "공교육에서 기간제 교사 또는 정교사 경험을 가지는 것이 대안학교 교육과정을 운영하는데 도움이 된다"는 항목에는 매우 그렇다 60명(18.1%), 그렇다 167명(50.5%)로 나타났는데, 68.6%가 긍정하였다. 평균값은 3.75로 나타났다. 공교육에서 기간제 교사 내지는 정교사 경험을 가지고 들어오는 것에 대해서는 긍정적 평가가 높았다. "앞으로는 대안학교 교사를 제도권 내에서 별도로 양성할 필요가 있다"는 항목에는 매우 그렇다 43명(13%), 그렇다 146명(44.1%)로 나타났다. 57.1%가 긍정하였다. 평균값은 3.45로 나타났다. 대안학교 교사를 제도권 내에서 별도로 양성할 필요에 대해서는 긍정 의견이 높았다. 제도권에 대한 개념은 1차적으로는 기존의 교·사대나 교육대학원에서 별도의 과정을 만들 수도 있고, 기독교대안학교의 경우, 신학대나 별도의 대학원 과정을 활용할 수도 있다. 또는 별도의 연맹 내지는 연합회에서 차원에서 주관하는 프로그램도 포함할 수 있다. "대안학교 교사 자격증이 필요하다"는 항목은 매우 그렇다 36명(10.9%), 그렇다 108명(32.6%)로 나타났다. 43.5%만이 찬성을 하였다. 평균값은 3.25로 나타났다. 본 연구에서는 대안학교에 관한 별도의 교사 자격증이 필요한가에 대해서는 다소 의견이 분분함을 알 수 있다. 다른 항목에 비해서 대안학교 교사 자격증에 관해서는 지지도가 상대적으로 낮았다. 대안학교 내지는 대안교육에 대해서 공부하고 접할 수 있는 과정에 대해서는 찬성 비율이 높지만 그것을 별도의 대안학교 교사 자격증으로 연결해야 하는가에 대해서는 판단이 다를 수 있음을 시사한다. "우리 학교는 교사의 성장을 위한 다양한 연수 프로그램에 참여하도록 지원하고 있다"는 항목은 매우 그렇다 901명(27.5%), 그렇다 145명(43.8%)로 나타났다. 71.3%가 긍정적으로 답변하였다. 평균값은 3.88로 나타났다. 개별학교에서는 교사의 성장을 위한 연수 프로그램을 나름 운영하고 있고, 내실화를 기하고 있다고 응답한 비율이 높게 나타났다. "대안학교 교사들의 전문성 향상을 돕는 대학원 과정이 필요하다"에는 매우 그렇다 51명(14.4%), 그렇다 152명(45.9%)로 나타났다. 긍정답변은 61.3%로 나타났으며, 평균값은 3.63으로 나타났다. 대안학교 교사들의 전문성 향상을 돕는 대학원 과정에 대해서도 필요하다는 응답이 비교적 높게 나타났다. "대안학교 교사의 전문성 향상을 돕는 재교육 시스템은 충분한 편이다"는 매우 그렇다 8명(2.4%), 그렇다 34명(10.3%)에 그쳤다. 12.7%만이 긍정적으로 답변하였다. 보통이다 40.8%, 그렇지 않다고 응답한 교사는 44.4%에 달했다. 평균값은 2.57로 낮게 나타났다. 현직 대안학교 교사의 전문성 향상을 돕는 재교육시스템이 충분하다고 응답한 비율은 매우 낮게 나타났다. 공교육의 경우, 각종 자격 연수와 부전공 연수, 직무연수 등을 다각도로 운영하고 있는데 비해 대안학교 교사의 성장을 체계적으로 돕는 시스템은 비교적 미흡한 것으로 보인다. 개별학교 차원의 노력에 비해 기독교대안학교에 관한 지원시스템은 취약한 상황이거나 정책의 사각지대가 발생하고 있음을 시사한다.

〈표1〉 빈도분석 및 기술분석

문항	설문 내용	응답	응답자(N)	비율(%)	평균(M)	표준편차(SD)
13	대안학교 교사가 되기 위해서 공교육에서 필요로 하는 교원자격증(1정, 2정) 소지가 필요하다.	전혀 그렇지 않다	11	3.3	3.57	1.11
		그렇지 않다.	44	13.3		
		보통이다	67	20.2		
		그렇다	142	42.9		
		매우 그렇다	63	19.0		
		무응답	4	1.2		
14	교직과정 또는 교.사대와 같은 공교육 교원양성과정의 경험이 대안학교 교원의 직무를 수행하는데 도움이 된다.	전혀 그렇지 않다	3	0.9	3.83	0.98
		그렇지 않다.	21	6.3		
		보통이다	53	16.0		
		그렇다	178	53.8		
		매우 그렇다	70	21.1		
		무응답	6	1.8		
15	공교육에서 기간제 교사 또는 정교사 경험을 가지는 것이 대안학교 교육과정을 운영하는데 도움이 된다.	전혀 그렇지 않다	3	0.9	3.75	0.94
		그렇지 않다.	17	5.1		
		보통이다	79	23.9		
		그렇다	167	50.5		
		매우 그렇다	60	18.1		
		무응답	5	1.5		
16	앞으로는 대안학교 교사를 제도권 내에서 별도로 양성할 필요가 있다.	전혀 그렇지 않다	7	2.1	3.45	1.10
		그렇지 않다.	45	13.6		
		보통이다	82	24.8		
		그렇다	146	44.1		
		매우 그렇다	43	13.0		
		무응답	8	2.4		
17	대안학교 교사 자격증이 필요하다.	전혀 그렇지 않다	11	3.3	3.25	1.06
		그렇지 않다.	63	19.0		
		보통이다	109	32.9		
		그렇다	108	32.6		
		매우 그렇다	36	10.9		
		무응답	4	1.2		

18	우리 학교는 교사의 성장을 위한 다양한 연수 프로그램에 참여하도록 지원하고 있다.	전혀 그렇지 않다	2	0.6	3.88	0.98
		그렇지 않다.	24	7.3		
		보통이다	66	19.9		
		그렇다	145	43.8		
		매우 그렇다	91	27.5		
		무응답	3	0.9		
19	대안학교 교사들의 전문성 향상을 돕는 대학원 과정이 필요하다.	전혀 그렇지 않다	4	1.2	3.63	0.97
		그렇지 않다.	24	7.3		
		보통이다	95	28.7		
		그렇다	152	45.9		
		매우 그렇다	51	15.4		
		무응답	5	1.5		
20	대안학교 교사의 전문성 향상을 돕는 재교육시스템은 충분한 편이다.	전혀 그렇지 않다	23	6.9	2.57	0.93
		그렇지 않다.	124	37.5		
		보통이다	135	40.8		
		그렇다	34	10.3		
		매우 그렇다	8	2.4		
		무응답	7	2.1		

*5점 만점

〈표2〉는 공교육 근무경험 유무에 따라서 13번에서 20번 항목에 대한 독립 표본 t검정을 적용해 본 결과를 보여주고 있다. 13번(대안학교 교사가 되기 위해서 공교육에서 필요로 하는 교원자격증(1정, 2정) 소지가 필요하다)과 14번(교직과정 또는 교,사대와 같은 공교육 교원양성과정의 경험이 대안학교 교원의 직무를 수행하는데 도움이 된다), 15번(공교육에서 기간제 교사 또는 정교사 경험을 가지는 것이 대안학교 교육과정을 운영하는데 도움이 된다) 항목에서는 공교육 근무 경험을 지닌 집단과 그렇지 않은 집단간에 통계적으로 유의미한 차이가 평균값에 나타나고 있었다. 해당 항목의 집단간 평균값을 보면 13번(공교육 근무 경험 집단 3.35 〈 무경험 집단 3.92), 14번(공교육 근무경험 집

단 3.67 〈 무경험 집단 4.05), 15번(공교육 근무 경험 집단 3.47 〈 무경험 집단 4.20)에 차이가 나타난다. 다른 항목은 집단 간 통계적으로 유의미한 차이를 확인하기 어려웠다. 공교육 근무경험을 지닌 집단들이 그렇지 않은 집단에 비해 자격증, 교원양성과정, 공교육 경험에 대해서 다소 부정적 평가를 하고 있음을 시사한다. 대안학교는 공교육과 상당히 다른 환경과 문화, 메커니즘이 작동하기 때문에 교·사대의 학습경험이나 공교육 근무경험이 때로는 현장에서는 통하지 않거나 새롭게 적응해야한다는 점을 공교육 경험을 지닌 교사들이 인식하고 있음을 알 수 있다. 반면에 공교육 근무경험이 없는 대안학교 교사들은 공교육의 경험을 지닌 교사들이 나름의 기본기를 갖추었다고 판단하는 것으로 보인다. 공교육 근무 경험도 기간제 경력과 임용고사를 합격한 정교사 경력으로 나누어볼 수 있는데, 본 연구에서는 이를 확인하지 못하였다. 향후, 이를 변인으로 삼아 정밀하게 살펴볼 필요가 있다.

〈표2〉 공교육 근무 경험 여부에 따른 독립표본 t검정

문항	공교육 근무 경력유무	응답자 (N)	평균	표준편차	평균의 표준오차	t검정– 유의확률
집단통계량						
13	있음	204	3.36	1.15	.08	.00
	없음	125	3.91	.96	.09	
14	있음	204	3.68	1.08	.08	.00
	없음	125	4.06	.75	.07	
15	있음	204	3.48	.97	.07	.00
	없음	125	4.20	.71	.06	
16	있음	203	3.63	3.79	.27	.92
	없음	125	3.59	1.03	.09	

17	있음	203	3.27	1.06	.07	.88
	없음	125	3.25	1.05	.09	
18	있음	203	3.85	.95	.07	.36
	없음	125	3.95	.97	.09	
19	있음	203	3.62	.97	.07	.56
	없음	125	3.68	.95	.08	
20	있음	203	2.54	.89	.06	.26
	없음	125	2.66	.97	.07	

*5점 만점

대안학교 교사의 양성 방식에 대한 결과는 〈표3〉과 같다. 문항 21(대안학교 교사 양성의 방식으로 가장 바람직한 방식)에서 1순위 결과는 "대안학교 연맹체(연구소) 차원에서 자체적으로 공동 운영"에 26.3%로 가장 높게 나타났다. 그 다음 2순위 결과는 "학교별로 대안학교 근무를 희망하는 예비교원 프로그램 운영 후 지원 자격 부여"에 25.7%로 가장 높게 나타났다. 교·사대 교육과정에 별도의 대안교사 자격증 과정 신설에 대해서는 반응비율이 1순위와 2순위 공히 낮았다.

1순위와 2순위 항목에 순위별로 가중치를 부여하여 합산한 결과, 대안학교 연맹체(연구소) 차원에서 자체적으로 공동 운영 〉 학교별로 대안학교 근무를 희망하는 예비교원 프로그램 운영 후 지원 자격 부여 〉 현행 교직 내지는 교·사대 교육과정에 대안교육을 배울 수 있는 과목을 일부 포함 〉 대학원에 석사 학위과정으로 대안교육 전공 운영 〉 제도화는 필요 없고, 현행처럼 다양한 배경을 가진 교원을 선발하면 됨 〉 교·사대 교육과정에 대안교사 자격증 과정 신설 〉 기타 순으로 나타났다. 기존 제도권 내 교원양성과정이라든지 대학원 과정은 기독교대안학교의 특성을 충분히 고려하기 어렵다는 점에서 대안학교 연맹체 차원에서 운영할 필요가 있다는 의견이 높았으며, 학교별로 예비교원을 위한 프로그램을 운영하고, 지원 자격을 부여하는 방안도 높게 나타났다.

〈표3〉 대안학교 교원양성의 바람직한 방식(1순위, 2순위)

구분	1순위		2순위	
	응답자(N)	비율(%)	응답자(N)	비율(%)
현행 교직 내지는 교·사대 교육과정에 대안교육을 배울 수 있는 과목을 일부 포함	66	19.9	38	11.5
교·사대 교육과정에 대안교사 자격증 과정 신설	20	6.0	32	9.7
대학원에 석사학위과정으로 대안교육 전공 운영	56	16.9	57	17.2
대안학교 연맹체(연구소) 차원에서 자체적으로 공동 운영	87	26.3	49	14.8
학교별로 대안학교 근무를 희망하는 예비교원 프로그램 운영 후 지원 자격 부여	57	17.2	85	25.7
제도화는 필요 없고, 현행처럼 다양한 배경을 가진 교원을 선발하면 됨	35	10.6	37	11.2
기타 의견	3	0.9	2	0.6
무응답	7	2.1	31	9.4

문항 22(만약 대안학교 '교원양성 과정' 또는 '교원 재교육 프로그램'을 운영한다면 어떤 내용이 가장 중요하다고 생각하십니까)에서 1순위 결과는 "기독교세계관"이 32.9%로 가장 높게 나타났다. 그 다음 2순위 결과에서도 "기독교세계관"이 26.9%로 가장 높게 나타났다. 3순위 결과에서는 "생활지도 및 상담, 학생 이해"가 23.9%로 가장 높게 나타났다. 1순위에서는 기독교세계관 〉 소명의식 〉 대안교육 철학 순으로 나타났다. 2순위에서는 기독교세계관 〉 교육과정-수업-평가 전문성 〉 대안교육 철학으로 나타났다. 3순위에서는 생활지도 및 상담, 학생이해 〉 교육과정-수업-평가 전문성 〉 대안교육 철학으로 나타났다. 1순위와 2순위, 3순위 항목에 순위별로 가중치를 부여하여 합산한

결과, 기독교세계관 〉소명의식 〉교육과정-수업-평가 전문성 〉대안교육 철학 〉생활지도 및 상담, 학생 이해 〉각종 대안 프로그램 운영 능력 〉학급운영 〉신학적 소양 〉기타의견 순으로 나타났다. 기독교세계관과 소명의식을 기본적으로 중시하면서 교육과정-수업-평가에 관한 전문성을 구축할 필요가 있다는 인식을 확인할 수 있다.

〈표4〉 담겨야 할 프로그램과 내용

구분	1순위		2순위		3순위	
	응답자(N)	비율(%)	응답자(N)	비율(%)	응답자(N)	비율(%)
소명의식	100	30.2	39	11.8	29	8.8
대안교육 철학	39	11.8	44	13.3	37	11.2
기독교세계관	109	32.9	89	26.9	28	8.5
교육과정-수업-평가 전문성	28	8.5	75	22.7	77	23.3
학급운영	0	0.0	6	1.8	7	2.1
생활지도 및 상담, 학생 이해	10	3.0	26	7.9	79	23.9
각종 대안 프로그램 운영 능력	7	2.1	18	5.4	27	8.2
신앙과 영성	23	6.9	15	4.5	24	7.3
신학적 소양	2	0.6	4	1.2	3	.9
기타 의견	2	0.6	1	.3	0	0
무응답	11	3.3	14	4.2	20	6.0

III. 면담 분석

1. 연구 참여자 및 분석 방법

기독교대안학교에서 근무를 하고 있거나 근무 경험을 지닌 교원 8인과 관련 분야 연구 내지는 업무 경험을 지닌 전문가 3인을 대상으로 관련 면담을 진행하였다. 면담 질문은 반구조화된 질문지를 사용하였으며, 대화의 맥락과 상황에 따라서 보충질문을 사용하였다. 연구참여자들은 가능하면 공교육을 경험하였거나 잘 알고 있는 이들로 구성함으로서 양쪽의 경험을 바탕으로 현재의 기독교대안학교의 모습을 비교하여 공통점과 차이점을 설명할 수 있는 이들을 중심으로 선정하였다. 질문 내용은 기독교대안학교 교사들의 역량수준에 대한 진단, 교·사대 양성과정과 공교육의 경험이 대안학교 교사로서 도움 여부, 기독교대안학교교원 대상 프로그램 진단, 필요한 프로그램의 내용, 기독교대안학교 교원양성체계의 방향, 기독교대안학교의 문제점과 방향에 관한 내용이었다. 면담자료는 개방코딩과 범주화, 반복적 비교분석 방법(constant comparison method)을 시도하여 내용을 정리하였다. 반복적으로 내용을 읽으면서 비교와 대조 과정을 거쳐 세부 내용, 하위 범주, 상위범주로 분류하였다.

〈표5〉 연구 참여자(면담)

표기	경력	성별	연령대
K교사	– 기독교대안학교 근무(5년) – 현재 공교육 교사	남	40대
W교감	– 유치원, 초등 대안학교(10년) 교사 및 교감 역임 – 공교육 교사 경험 없음	여	50대
L전문가	– 기독교대안학교 전문가	남	40대
T전문가	– 대안교육 전문가 – 교수	남	40대
N교사	– 기숙형 기독교대안학교 근무하다가 퇴직(8년) – 공교육 교사 경험 있음	여	40대
Y교사	– 기독교대안학교 4년 근무 – 현재 일반대안학교 근무	남	40대
S교장	– H기독교대안학교장(10년) – 공교육 교사 경험 있음	남	50대

H교사	– H기독교대안학교 교사(5년) – 공교육(혁신학교) 근무경력	여	30대
M전문가	– 기독교대안학교 연맹 관계자	남	50대
P교사	– S기독 중고 대안학교 교사(10년) – 공교육 교사 경험 없음	남	40대
J교감	– P 기독교대안학교 교감(10년) – 공교육 교사 경험 있음	남	40대

2. 분석 결과

1) 기독교대안학교 교사의 역량에 대한 진단과 판단 근거

기독교대안학교 교사의 역량 수준은 어느 정도인가? 공교육에 비해서 기독
교사의 역량이 향상될 수 있는 가능성이 있다는 의견과 현실적으로 좋지 못한
환경에 의해 초기에 비해 떨어지고 있다는 의견이 함께 제기되었다.

가. 높은 수준으로 성장할 가능성 : 공교육에 비해 교사의 성장을 자극하는 환경

H교사, N교사, S교장은 비교적 기독교대안학교 교사들의 역량에 대해서
높게 평가한다. 대체적으로 기독교대안학교 교사의 역량은 공교육에 비해서 입
직 단계에서는 낮을 수는 있어도 들어오게 되면 오히려 높아지거나 성장할 수
있는 가능성은 높다고 말한다. 교사 개인과 학교마다 역량의 편차는 발생할 수
는 있다고 보면서도, 공교육에 비해서 부딪히는 경험의 성격이 다르고, 자율성
이 보장되는 측면이 있기 때문에 교원 개인의 성장 가능성은 높다고 보았다. 공
교육처럼 주어진 교육과정과 교과서를 사용하기보다는 학교 차원에서 자체 개
발 내지는 재구성을 하기 때문에 교사들의 전문성은 높아질 가능성이 크다.
공교육에 비해서 조건이 열악하기 때문에 이를 메우기 위한 나름의 노력을 개

인 내지는 학교 차원에서 기울일 수밖에 없다. L전문가는 편차의 문제가 있지만 새로운 시도를 하기 때문에 성장할 가능성이 크다고 보았다.

"기본적으로 의미와 가치를 따라 대안학교에 참여하고 있다는 전제로, 교원들의 열정과 의지는 높다고 봅니다. 기준이 되는 지점이 별도로 존재하는 것은 아니기에 그 역량은 다양합니다. 일상의 현장에서는 교육과정과 내용을 생산해 내는 어려움이 있습니다. 검인정 교과서를 사용하는 학교도 있지만 교과서를 사용하지 않고 다양한 교재를 함께 참고하거나 직접 만들어 사용하는 경우도 많아서 매일 분투합니다." (H교사)

"갈수록 입학하는 학생들의 모습들이 초기의 학생들과 달리 다양하고 개성이 있지만 어려움도 많은 학생들이 들어오기에 그에 맞춰 학생들을 대하고 그에 맞는 프로그램이나 생활지도를 구현하면서 공립학교 교사들이 경험할 수 없는 다양한 시도와 경험으로 성숙해나가는 모습도 있습니다." (N교사)

"내가 재직하는 학교의 경우, 교과서를 그대로 사용하지 않기 때문에 별도의 교사용지도서가 없다든가, 공교육처럼 교사직무연수 프로그램이 다양하게 펼쳐지지 않다든가, 협업할 교사의 부재 등의 상황이 발생하기 때문에 교육 현장에서 교사 스스로 문제를 해결하는 과정을 통해 역량을 갖춰가거나 중견교사로 성장하는 속도가 공교육에 비해 빠르죠. 공교육과 대안교육을 두루 경험한 본인의 개인적인 생각으로는, 교직 경력 5년차를 비교했을 때 기대학교 교사의 개인 역량은 일반 공교육에 비해 높은 편이라 평가합니다." (S교장)

"역량은 차이가 큽니다. 어떤 분들은 높은 수준의 역량을 지니고 있어요. 어떤 분들은 준비가 안 되어 있기도 해요. 기독교대안학교의 시간이 쌓이면 역량은 증가하게 됩니다. 고민을 많이 하기 때문입니다. 전문성 성장의 폭은 커집니다. 직업의 전문성은 공교육보다 떨어질 수는 있겠지만, 더욱 좋아질 수 있는 여지가 있어요. 새로운 시도를 많이 하기 때문에 그 과정에서 성장할 수 있죠. 그런 분들 중에는 공교육 연수에서도 강사로 나서기도 합니다. 세월이 지나면 성장할 수 있는 구조를 가지고 있다고 봅니다." (L전문가)

나. 갈수록 떨어짐 : 역량을 갖춘 교사들의 이탈 현상 가속화 & 자기 계발이 없는
우물 안 개구리

N교사와 P교사는 기독교대안학교 교사들의 역량에 대해서 다소 우려를 하였다. N교사는 설립 멤버들도 현실의 벽을 느끼고 기독교대안학교를 떠나는 경향도 있고, 진입 자원 자체가 기독교교육에 대한 비전과 꿈을 가지고 들어오는 이들이 적다는 점을 지적한다. 공교육도 마찬가지이지만 감당해야할 역량을 감당하지 못하는 이들이 늘어나고 있고, 공교육에 비해서 교사들의 재교육 시스템이 낙후되어 있다고 지적한다. P교사는 기독교대안학교 교사들이 신분의 안정성까지 버리고 사명감으로 온 교사들이 적지 않고 전문성이 높은 분들이 적지 않다고 보면서도, 학교 안에 매몰되어 있다 보면 '우물 안 개구리'가 될 가능성이 크거나 자기 계발이 멈추어진 경우가 있다고 말한다. 특히 기간제 교사를 충원하다보면 기독성이 부족한 상태에서 교육에 투입되는 사례도 적지 않다고 보았다. M전문가는 대체적으로 전문성은 높은데 영역별 편차가 있다고 본다. 새로운 것을 시도하는데 강점이 있지만 수업과 교육과정에 관한 역량은 다소 떨어진다고 진단하였다. T전문가는 대안학교 교원들의 역량을 한마디로 진단하고 정의하기는 쉽지 않다고 말하면서도, 대안교육 1세대의 고민과 가치가 현재까지 이어지고 있는가에 대해서는 의문을 제기하였다. 특히, 그는 기독교대안학교에 대해서 신앙심과 소명의식에서는 일정한 수준을 보이고 있지만, '교육적 대안성'에 대해서는 의문을 제기하였다. 교사로서 필요한 기본적 훈련 없이 쉽게 진입할 수 있는 구조에 대한 문제의식을 가졌다. Y교사는 경제적 안전망이 떨어지다 보니, 중견 교사의 이탈이 높고 전문성을 지닌 교사들이

이탈할 가능성이 높고, 1인 다교과를 가르치는 구조에서 전문성과 역량이 축적되기 어려운 구조라고 진단하였다.

"제가 경험한 학교가 한 군데뿐이고 몇몇 학교는 피상적으로 알고 대부분의 학교의 상황에 대해서는 잘 알지 못하는지라 근무한 학교나 만나거나 탐방한 대안학교 교사들의 역량수준에 대해서만 말한다면 초창기에 비해 갈수록 교사들의 역량은 설립 멤버들에 비해 점점 부족해지고 있다는 생각을 합니다. 대부분 초기에는 기독교 대안교육에 대한 꿈과 비전을 가지고 공립학교에 근무했거나 다른 곳에서 기독교 교육에 대한 철학과 경험을 가지고 학교를 설립하고 서로 공부하고 토론하며 기초를 세우는 작업을 했기에 역량이 뛰어난 교사들이 많이 있었으나, 점점 현실의 벽에 부딪치고 비전과 이상의 불일치, 소진 등으로 학교를 떠나는 교사들이 생기고 새로운 교사들이 영입되면서 기독교교육에 대한 큰 비전이나 꿈보다는 공립교사 임용고시에 떨어지거나 학원 강사들이 지원하는 경우가 늘어나고 있는 추세입니다." (N교사)

"현재 근무하는 학교의 경우, 학교 설립초기에 뽑은지라 같은 상황임에도 공립학교에 계시다가 대안교육의 뜻을 품고 오신 분들이 많습니다. 이런 분들은 교육공무원의 혜택이나 경제적인 안정을 포기하고 오신 만큼 그 사명감과 교사로서의 전문성이 확실합니다. 하지만 연수가 늘어나면서 교사교육이나 연수가 개별 학교 안에서만 진행되어 우물 안 개구리가 되는 경우가 있고, 중견교사들의 경우 가정의 육아, 과도한 업무 등으로 수업도 버거운 상황도 발생하면서, 자기계발이 멈춰 있는 경우도 발생합니다." (P교사)

"대부분 좋은 역량을 가지고 있다고 보이지만, 어느 한 쪽으로 편중된 측면이 많습니다. 보편적인 수업역량이나 교육과정을 기획하거나 실행하는 일반적인 영역은 경험의 미숙이 있는 듯 하고, 새로운 것을 시도하고 적용하는 역량은 매우 우수한 것 같습니다." (M전문가)

"기독교대안학교들의 경우는 더 복잡해보입니다. 앞서의 1-3세대 문제에 더해서 신앙심과 소명의식, 실천력까지 담보하고 있는가의 문제까지 살피자면 쉽지 않기 때문입니다. 많은 기독교대안학교 교사들이 신앙심과 소명의식의 측면에서는 일정 수준 이상을 갖추고 있으나 '교육적 대안성'을 갖추고 있는가에 대해서는 의문이 듭니다. 즉, 교육적으로는 일반 교육/사업대 수준의 제제교육으로 길러졌거나 심지어는 그 정도의 교사훈련마저도 없이 보습학원 강사 채용되듯 되고 있는 것은 아닌지 성찰해볼 필요가 있습니다." (T전문가)

"경제적 안전망이 없다보니 갈등요인에 약할 수밖에 없고, 갈등을 관리하는 기술도 리더들에게 부족함을 발견하게 되면 이탈이 시작됩니다. 여기서 이탈이 되는 것은 어느 정도 그 학교에서의 경험이 있는 사람들이지요. 학교에서는 경험치를 잃게 되고 다시 신규 채용하는 무한루프를 반복하는 양상이 지속됩니다. 그래서 많은 학교들이 첫 시작한 리더그룹과 신규 채용된 신입교사들이 대부분이고 학교의 실무와 가치를 이어갈 중간그룹이 실종, 그리고 이것이 지속되는 양상을 보입니다. 이런 환경은 대안학교 교사들의 역량이 '축적'해 나갈 수 없는 구조적 한계를 내포한다고 생각됩니다." (Y교사)

2) 필요한 전문성과 자질

기독교대안학교 교사에게 필요한 전문성과 자질은 무엇일까? 현장의 경험을 바탕으로 연구참여자들은 다양한 내용을 제시하였는데, 상위범주로 묶으면 다음과 같다.

가. 기독교세계관에 바탕을 둔 교과통합능력

S교장, J교감, N교사, P교사는 기독교세계관을 기본으로 하면서 이를 바탕으로 교육과정, 수업, 방법 등에 변화를 만들어야 한다고 말한다. 기독교세계관 자체에 대한 학습을 넘어 그것이 교육과정과 수업 등으로 투영되고 적용되어야 한다는 점을 공통적으로 강조하였다.

"기독교대안학교 교사에게 필요한 전문성 중 가장 우선하고 중요한 것은 기독교 세계관과 교과를 통합하는 능력입니다. 이는 대개의 기대학교가 '기독교세계관을 통하여 기독교교육을 하는 것'을 목표로 하기 때문입니다. 기독교사가 단지 자신이 가르치는 교과에 기독교를 덧칠하거나 개인적인 신앙심을 발휘하는 곳이 아니죠. 따라서 기독교세계관에 따라 교과내용을 재구성하고 질문을 만들어낼 수 있어야 하며 이를 바탕으로 자신이 맡은 수업을 스스로 디자인 할 수 있어야 합니다." (S교장)

"성경적 세계관에 근거한 교과 분석과 해석과 재구성 능력이 필요합니다. 이를 교과전문성이라고 말할 수 있습니다. 아울러, 다양한 교수법입니다. 내용에 따른 다양한 교수법 구현이 필요하고, 교수법에 대한 기독교적 고찰이 필요합니다." (J교감)

"기독교 가치인 사랑과 평화를 교육적 실천으로 구현해내고, 그 결과 길러지는 다음 세대들 역시 기독교 가치를 펼쳐낼 줄 아는 존재로 길러내야 합니다. 만약 학교과 교사들이 이에 동의한다면 우선 필요한 전문성과 자질은 교육에 대한 이해와 철학정립일 겁니다. 물론 기독교적 가치나 영성에 기반을 둔 것이어야 하겠지요." (T전문가)

나. 변혁적 가치

J교감은 공적가치를 고려한 변혁적 가치 역시 중요한 영역이라고 강조한다. 공공성이라든지 운동성, 영향력, 시대정신 등을 J교감은 강조하였다. T전문가는 교육을 통해서 사회를 견인할 수 있는 확장적 사고가 필요하다고 제언한다.

"공공성입니다. 대외적으로 공교육에서의 영향력, 지역사회 교육 및 교육단체(기학연, 기대연, 좋은교사운동, 사교세, 행수만 등)와의 연대와 운동이 필요합니다. 공교육과 여러 기독교학교와 대안학교에 대한 영향력을 키워가야 합니다. 기독교육, 미래교육, 남북통합교육, 대안교육 등에 대한 전망하는 능력과 비전을 제시해야합니다. 시대정신으로 말할 수 있습니다. 각 전문성은 교사에서 교육자로의 성장단계에 따라 그 전문성과 자질이 달라질 수 있다고 보입니다." (J교감)

"'엘리트주의'와 '세속주의'에 기반을 두는 것이 아니라 교회의 사회적 역할을 어떻게 만들어 나갈 것인지에 대한 기독교적 응답이 철학적으로 분명하게 세워져 있어야 할 겁니다." (T전문가)

다. 영성과 인성, 소명의식

S교장은 영성과 인성, 실력의 통합을, L전문가는 영성과 소명의식을, J교감은 소명과 헌신을 강조한다. 이들은 학생들에 대한 사랑을 바탕으로 하면서 영성과 인성과 전문성의 통합이 필요하다고 강조한다. 학생들을 신앙으로 돌볼 수 있어야 하는데 이를 위해서는 교사 스스로 신앙이 바로 서야 하며, 동시에 학교 철학과 가치의 내면화라든지 기독교육에 대한 소명과 헌신이 중요하다. 신앙인으로서의 기본 토대가 중요함을 시사한다.

"기독교대안학교 교사에게 필요한 자질로는, 학생들을 사랑으로 한없이 바라보며 늘 배우려는 태도를 지녀야 하며 무엇보다 영성과 인성과 실력이 통합된 교사로 다음세대를 향한 긍휼과 간절함이 있어야 합니다. 왜냐면, 공교육보다 스킨십의 밀도가 높으며 학부모의 기대치 또한 높고 기독교사로서의 책무성이 그만큼 강하게 요구되기 때문입니다." (S교장)

"영성입니다. 소명의식을 포함합니다. 신앙적으로 아이들을 돌볼 수 있는 능력이 중요하지요. 품양과 비슷하다고 봅니다. 영적으로 양육할 수 있는 힘이 있어야 합니다." (L전문가)

"기독교교육으로의 소명(부르심)과 헌신의 태도가 중요하지요. 동시에 학교의 철학과 가치에 대한 내면화가 필요합니다." (J교감)

라. 교육과정 전문성

J교감은 교육과정 재구성능력을 강조한다. 이때의 전문성은 주로 교육과정 전문성을 의미하는데 일반 교사에게 필요한 전문성과 함께 기독교 정체성에 맞는 전문성이 별도로 존재한다는 관점으로 해석 할 수 있다. 기독교세계관에 의한 교과 해석 능력도 이 범주에 포함된다. L전문가는 기독교적 교과해석 능력은 학부에서 갖추어서 들어가기는 어렵고, 기독교대안학교에 들어와서 길러야 할 역량으로 바라보았다.

"교과단위, 통합교과, 학년단위, 학교단위에서의 교육과정 재구성능력이 매우 중요합니다." (J교감)

"교육과정에 대한 이해도가 보다 높아야 한다고 생각합니다. 교육과정의 차별성이 기독교대안학교의 정체성과도 직결되기 때문입니다. 또 기독교세계관을 바탕으로 한 깊은 고민이 필요하지만 이것은 기독교대안학교 뿐이 아닌 기독교 교사들에게 공통적으로 요구되는 자질이기도 합니다." (H교사)

"교육과정에 대한 깊은 이해와 대안적인 방향으로 재구성하고, 실행할 수 있는 역량으로 봅니다. 무엇보다도 교육을 넓게 보면서도 아동을 이해하는 데에 깊은 안목을 가질 필요가 있을 듯합니다." (M교사)

제 4 장 교사교육

"전문성은 교·사대를 통해 얻을 수 있는 전문성도 있지만, 기독교적 교과해석 능력이 중요합니다. 기독교세계관으로 재구성해야 합니다. 갖추어서 들어오기는 어렵다고 봅니다. 사전에 그런 것을 배울 수 있으면 좋지만 내부적으로 길러야합니다. 그런 학교도 있고, 선배들로부터 배우는... 아예 배우지 않는 학교들도 있죠." (L전문가)

"이때 '전문성'이란 공교육에서의 전문성이나 사교육시장에서의 전문성과 분명히 다르다고 봅니다. 즉, '대안'을 내놓을만한 전문성이 있는가에 대한 문제이겠지요. 기독교대안학교와 그 교사들이 기존의 교육적 질서에 매우 순응적으로 대응하여 '착한 범생이'들을 길러내고자 하는 것은 아닌지 성찰할 필요가 있다고 봅니다. 그 성찰의 결과로 내놓을 수 있는 대안은 무엇일지, 그 대안을 만들어 낼 수 있는 전문성과 자질은 어떻게 갖춰질 수 있을지 잘 살필 필요가 있다고 봅니다." (T전문가)

"전문직관에 비춰본다면 위의 동기를 바탕으로 한 담당 교과에 대한 전문성이 필요합니다. 수업 기획 역량과 학생과의 관계가 중요하죠." (Y교사)

마. 대인관계 능력

교육은 혼자서 감당하는 것이 아니라 관계를 통해서 함께 만들어가는 과정이다. 학생과 학생, 교사와 학생, 학부모와 교사, 교사와 교사, 교사와 지역, 교사와 교회, 교사와 단체 등 다양한 관계를 형성하면서 학교 내부의 문제를 해결하고, 교회와 지역의 발전에 기여해야 한다. 나름 신념을 가지고 기독교대안학교를 선택한 만큼, 주체 간 이견이 발생할 가능성이 크기 때문에 이를 잘 풀어갈 수 있는 능력이 필요하다. H교사, N교사, P교사는 이러한 소통과 관계, 네트워크 등을 강조한다. 이들의 주장을 정리해보면, 교사와 학교의 고립을 경계할 필요가 있다.

"일반학교보다는 학생과의 관계, 부모(가정)와 관계가 가까운 편이기에 소신 있는 부드러운 소통이 실제적으로 요구됩니다." (H교사)

"서로 다른 신앙관을 가진 교사들이나 학생, 학부모들과 열린 마음으로 소통하고 다름을 수용할 수 있는 능력이 필요합니다. 기독성을 생각할 때 학교의 기원이 다르기에 교사들도 다르지만 제가 근무했던 학교는 초교파라 다양한 교파와 선교단체의 경험을 가진 교사들이 섞여있습니다. 그에 대한 다름이 교육을 풍성 하게도 만들었지만 혼란을 주었던 경우도 많습니다. 서로 상호신뢰하면서 모두가 함께 자신의 목소리를 내며 합의의 과정을 거치는 커뮤니티를 만드는 능력과 노 력이 필요하다고 생각합니다." (N교사)

"관계능력입니다. 아이들을 대하는 관계능력, 학부모를 대하는 능력, 교사와 서 로 소통하는 사회적 역역이죠. 외골수 기질로는 한계가 있어요. 다른 사람과 잘 지내야 합니다. 기독교대안학교는 신념을 가진 분들이 많아서 부모도, 교사도 서 로 충돌할 수 있어요. 기독교적 재구성을 하려면, 재구성하는 연구에서 느끼는 벽은 교사들이 성경에 대한 지식이 생각보다 없다는 거예요. 신앙을 오래했어 도 신학적 이해, 성경 이해가 부족하고, 해석이 빈약해집니다." (L전문가)

"꾸준히 성장하고 성찰할 수 있는 외부 네트워크 능력이라고 봅니다." (P교사)

3) 현장 적응의 난점 요소

가. 교사 개인 차원 : 경제적 어려움, 성장하기 힘든 구조, 갈등 발생, 전문성 부족, 소진

기독교대안교사들이 경험하는 현장 적응의 어려움은 크게 교사 개인과 학교 차원의 문제로 나누어볼 수 있다. 교사 차원에서는 경제적 어려움, 성장하기 힘든 구조, 갈등 발생, 전문성 부족으로 압축이 된다. 학교 차원에서는 학교의 비전과 방향의 모호성 내지는 합의 부족, 교회의 지나친 간섭, 학부모의 간섭, 재정 지원 부족, 역사적 안목 및 중장기적 전망의 부족으로 압축된다. 교사 개인이 직면한 어려움은 공교육에 비해 충분하지 않은 급여체계이고 결국 열정페이에 의존하는 구조인데, 학교에 집중하기 힘들게 만들고, 지속가능성을 저해하게 만든다(H교장, N교사).

"교사 개인에게는 감수해야 하는 열정페이가 차지하는 비중이 커지기 마련입니다. 최저임금, 또는 그에도 못 미치는 수준의 급여로 생활을 유지하고 있는 교사들이 많으며, 이는 지속적이고 연계된 학교 운영에 걸림돌이 되기도 합니다." (H교사)

"두 번째는 규모가 작은 학교가 많아서 당장 주어진 일을 감당하기 버거운 상황이라든지 바쁜 현실에서 성장을 위한 축적의 시간을 확보하지 못하는 상황이라고 말한다." (S교장, M전문가)

"주어진 요구가 많고, 현장에 접하는 많은 업무들로 인하여 너무 분주합니다. 사실은 교사로 완성되어 현장에 가 있는 것이 아니기 때문에, 현장에서 계속적인 성장이 필요합니다. 그런데, 많은 경우에 교사들이 대안교육현장에서 성장하지 못하는 현실이 있습니다." (M전문가)

세 번째는 교육과정을 수행하는 과정에서 다양한 주체들과의 관계를 맺는 과정에서 나타나는 갈등의 발생이다. 갈등의 대상은 학부모, 교회, 학교장, 이사장, 교사 등 다양하게 나타난다. Y교사는 소통과 협업이 중요한데 이에 대한 역량과 경험이 부족하다고 말한다.

네 번째는 전문성의 부족이다. 현실적으로 힘들고 어려운 아이들이 찾아오는데 이들을 감당할 수 있는 전문성을 부족하다는 개인적 한계를 느끼는데, 전문성을 배울만한 기관과의 연계가 미흡하며(J교감), 변화하는 아이들의 특성에 대응할 수 있는 전문성이 부족한 상태(N교사)이다.

다섯째는 피로감의 누적과 소진 현상의 경험이다. 기독교대안학교에서는 다양한 행사와 프로그램을 진행할 수밖에 없는데, 그 과정에 피로감이 형성되며(J교감), 기숙형 학교의 경우, 그 어려움이 더욱 가중된다(N교사).

나. 학교 차원: 학교의 비전과 방향 부재, 교회의 비전문가적 관여

학교 차원에서 경험하는 어려움은 우선 학교의 비전과 방향을 설정하지 못하면서 나타난 갈등이다. 입시 교육에 대한 학부모의 요구가 커지면서 수월성 교육으로 방향을 돌리는 사례가 발생하며(S교장), 철학과 방향에 대한 비전 공유가 구성원 사이에서 이루어지지 않으면서 갈등과 논쟁이 발생하며(H교사), 대안학교의 원리에 부합되지 않은 가치의 추구하는 일부 사례(N교사)에 대한 어려움을 토로하였다.

"교회가 지원하는 기독교대안학교의 경우, 교회 내에서 기독교대안학교에 대한 비전이 충분히 공유되지 않거나 서로 다른 철학과 가치로 인해 겪는 오해나 반감 때문에 때때로 교사들이 큰 상처를 받기도 합니다. 실제로 기독교대안학교를 맥임하는 많은 교회의 구성원들이 갖고 있는 교육에 대한 생각이 일반 학부모가 지닌 입시 중심의 교육과 별반 다르지 않거나 때로는 번영주의 신학에 영향을 받아 '하나님의 영광'을 돌려야 한다는 명목으로 수월성교육에만 더 집착하는 경우가 있습니다." (S교장)

두 번째로는 교회의 비전문가적 관여이다. 교회의 리더십이 학교를 수평적 소통 구조가 아닌 수직적 명령 구조로 인식할 때 갈등이 발생할 수밖에 없다. 기독학교를 바라보는 교회의 시선에 대한 우려를 읽을 수 있다(S교장). H교사 역시 수평적이고 평등한 구조가 형성되지 않아서 나타나는 문제, 즉 교회에 지나치게 종속되면서 전문가로서의 공간을 인정받지 못하는 상황에 대한 내면의 갈등을 토로하였다(H교사). 그 외에 학부모의 요구에 의해서 학교의 일관성이 흔들리는 경우라든지(N교사), 재정적인 어려움(H교사), 역사적 안목과 중장기적 전망이 부재한 상황을 우려하였다(M전문가).

"가장 심각한 문제는 주로 교회가 지원해주는 학교에서 일어납니다. 독립적인 운영을 약속했음에도 신앙정서나 교리를 빌미삼아 교회리더십이 관여하기도 합니다. 예를 들면, 교목을 교회에 소속된 목사로 일방적으로 임명하면서 학교조직의 질서나 체계가 복잡해지는 것이나, 학부모가 기대학교의 정체성을 정확하게 인식하지 못하고 교회학교(Sunday School)의 틀에서 벗어나지 못한 경우 교회의 조직체계나 활동하고 교회문화 안에 익숙해진 관습으로 학교를 바라보는데 있습니다. 그래서 교사를 교회의 직원이나 부교역자 쯤으로 바라보죠." (S교장)

"수직적 체계라 수평적 체계가 혼재된 곳이 많습니다. 그것은 대안학교 주체자들의 세대교체라도 연결되는 문제인 것 같습니다. 조직을 보다 효율적인 방향으로 운영한다면 수직적인 체계가 안정성을 높이겠지만, 대안적인 조직 또한 대안교육에서 먼저 교사들이 보이고, 경험해야할 선결과제라고 생각한다면 수평적이고 평등한 주체자들의 연합이 그 과제라고 봅니다." (H교사)

4) 교·사대 교육과정과 공교육 교사 경험이 기독교대안학교 교사의 삶에 도움이 되는 정도

가. 긍정적 측면: 기본기 구축

교·사대 교육과정과 공교육 교사 경험이 기독교대안학교 교사의 삶에 도움이 어느 정도 되는가에 대해서 연구 참여자들은 대체적으로 도움이 되는 측면도 있고 그렇지 않은 측면도 있다고 말한다. 도움이 되는 측면에서는 행정업무나 학생활지도의 경험이며(S교장), H교사는 교·사대 교육과정을 통해서 교육과 인간을 바라보는 관점이 도움이 되었고, 혁신학교 근무 경험을 가졌는데, 공교육에 대한 이해를 높일 수 있었다고 말한다. N교사는 공교육 경험이 기독교대안학교 교사로 살아가는데 밑거름이 되었다고 말한다. M전문가는 교육과정을 안정적으로 준비하는데 도움이 되며, L전문가는 교육학적 지식과 학생을 다루는 기본적 테크닉을 익히는데 도움이 된다고 말한다. P교사는 자신의 학교에서 국가교육과정을 일정부분 적용하고 있기 때문에 교육과정 차원에서 도움이 되며, 다양한 네트워크를 구축하는데 도움이 된다고 말한다. Y교사는 초기 대안학교를 만들 때 교육에 관한 기본적 지식도 모르는 구성원들이 많았다고 보면서 사범대학의 경험이 도움이 된다고 보았다.

"물론 행정적인 업무나 학생생활지도 등에서는 공교육의 경험이 도움이 됩니다. 또한 국가교육과정에 대한 문제의식이 있는 교사의 경우 수업을 혁신하거나 교육과정을 개선하기 위해 다양한 아이디어를 제시하며 교육현장을 실제로 변화시킬 수 있다는 것을 부인할 수 없습니다." (S교장)

"공교육의 경험은 학교가 세워진 이래 만들어지고 변화되어온 여러 가지 틀이 기본적으로 교사가 갖추어야 할 소양이나 학교가 세워지고 유지되기 위해 필요한 것이 무엇인지 알고 경험하게 해 주었습니다. 이것의 중요성을 대안학교에 가서야 깨닫게 되었습니다. 개인적으로 공교육에서 많은 연수나 공동체 모임을 통해 배움과 성장을 경험해 전문성을 갖추었기에 그것이 대안학교에서 내가 원하는 기독교교육을 펼쳐나가는데 밑거름이 되었습니다." (N교사)

"일반학교든 대안학교든 교사의 다양한 경험은 언제나 도움이 됩니다. 사범대 교육과정 중 배우고 실제 도움이 되었던 것들은 아동발달에 대한 이해, 교육철학과 교육심리학을 통해 배운 인간에 대해 이해하는 시각, 교육사회학을 통해 교육과 연결된 사회구조의 모습 등이 도움이 되었다고 생각합니다. 결국, 인간에 대한 이해를 도운 분야들이라 할 수 있습니다. 기타 다른 과정들은 현장에서는 이미 과거의 소산이었습니다. 공교육의 경험은 학생들을 경험하고, 교사의 자리다 학생의 자리라는 경계를 알아가고 조직이라는 사회적 시스템을 알아가는 경험으로는 많은 도움이 되었습니다. 그리고 공교육의 맹점, 변화의 필요성, 대한민국 교육의 방향성, 문제의식 등을 깨닫는 데 도움이 되었습니다. 교육계 전반의 큰 그림을 볼 수 있는 시각은 공교육을 경험해서 얻은 소득이라는 생각이 듭니다." (H교사)

나. 부정적 측면 : 공교육 경험에 갇히기

반면, 도움이 되지 않는 측면에 대해서는 공교육의 경험과 신념이 자칫 대안학교에 들어와서는 동료교사와의 갈등으로 이어지거나 자신만의 경험에 갇힐 수 있다고 말한다. 대안학교의 문법과 공교육의 문법에 일정한 차이가 있는데, 지나치게 공교육 경험을 앞세우는 경우 도움이 되지 않을 수 있다(S교장, N교사, L전문가, P교사). Y교사는 사범대학에서 배운 경험 체계가 도움이 되지만, 자칫 사고의 경직성을 가져올 수도 있다고 말한다. W교감은 기존의 교·사대 교육과정에 대해서 비판적 입장을 취한다. 지식적인 측면 외에는 전문성과 역량성장에 별로 도움을 주지 못한다고 말한다.

"대안을 세워나가야 하는 학교에서 기존 공교육에 젖어있는 사고와 업무의 틀을 벗어버리는 것이 쉽지 않아서 자유분방하고 기준 없이 상황에 맞춰 움직이는 학교 상황에 적응하기가 쉽지 않았습니다." (N교사)

"공교육의 경직화된 문화나 가치관은 대안교육에 도움이 되지 않습니다. 그리고 공교육의 경험만으로는 대안학교 교원으로서 서기에는 부족함이 있습니다. 공교육과 구별되는 대안교육에 대한 철학이 분명히 있어야 합니다." (P교사)

"교·사대 교육과정은, 지식적인 측면 외에는 전문성과 역량성장에 거의 도움이 되지 않는다고 봅니다." (W교감)

5) 기독교대안학교 교원양성 방식

기독교대안학교의 교원양성방식은 어떠해야하는가? 연구 참여자들은 기존의 교·사대 체제에서 대안학교 교사를 양성하는 방식에 대해서는 대안으로 보지 않았다. 현실적으로 교·사대에서 대안학교 교육과정을 만들기도 어렵고,

제도권 내에서 기독교대안학교 교원양성과정을 운영했을 때에 그 효과를 기대하기도 어렵기 때문이다. 다만, 교원양성과정에서도 대안교육에 대해서 배울 수 있는 교과목 개설은 필요하다는 의견이 개진되었다(H교사). 최근 공교육에서도 대안학교를 운영하거나 위탁 운영하는 경향이 있고, 학교에 대한 새로운 상상력을 요구하는 시점에서 교·사대 내에서 예비교원들이 대안교육을 배우거나, 참관이나 교생실습을 대안학교로 나가보는 방식은 검토할 만하다.

"우리나라 전반적으로 대안교육에 대한 이해가 부족하고 잘 알지 못하는 실정이기에 대안학교의 실제 모습에 대해 설명하고 알 수 있는 프로그램은 만들어져도 좋겠다는 생각은 합니다. 오히려 교원양성과정에서 대안교육도 포함해 가르치는 것이 더욱 바람직한 방향이 아닐까 하는 생각이 듭니다." (H교사)

M전문가는 기독교사의 성장을 위한 과정은 필요하지만 현행 교육대학원 방식은 지양할 필요가 있다고 본다. 현행 교육대학원은 예비교육을 길러내는 과정인지 현직교원을 위한 재교육기관인지 모호한 면이 있으며, 일반대학원처럼 연구역량을 길러내는 것도 아니고, 현장에 필요한 실행 지식을 제대로 배운다고 보기도 어렵다. 이러한 한계를 M전문가는 지적하였다.

"현행 교사양성의 장점과 단점은 공존하는 것 같습니다. 장점은 전문성이라고 할 수 있지만, 단점은 현재 대안학교가 필요로 하는 전문성은 약한 것 같습니다. 그러므로 교사연수를 위한 과정은 필요하다고 봅니다. 그러나 이 연수과정이 기존의 교육대학원의 스타일이라면, 별로 필요 없다고 보입니다." (M전문가)

교사는 기독교대안학교에서는 교원자격증이 중요하지는 않다고 보고, 교원자격증을 지닌 이들과 없는 이들 간 입직 기회를 등등하게 줄 필요가 있다고 주장한다. 다만, 현직교사의 전문성을 만들기 위한 체계적인 과정은 필요하다는 입장을 제시하였다.

"원칙적으로 지원의 기회는 균등하게 주는 것이 좋다고 생각합니다. 즉, 꼭 자격증이 있어야만 지원할 수 있는 것이 아니라, 교사대를 나오지 않았어도 대안교사로서의 뜻이 분명하다면 지원이 가능하다고 생각합니다. 하지만, 이들에 대해 교사로서의 준비성은 검증이 필요하기 때문에 별도의 인증 프로그램은 필요하다고 생각합니다. 교사대 전체의 교육과정은 아닐지라도, 교사로서 기본적으로 준비할 수 있는 2~3년 정도의 체계적인 교육과정이 필요하고 교수의 전문성도 잘 확보되어야 한다고 생각합니다." (P교사)

S교장은 해외사례를 언급하면서 기독교대안학교 교사를 위한 별도의 과정은 반드시 필요하다는 입장을 견지한다. 다만, 기존의 4년제 대학 방식보다는 별도의 대학원 과정을 만들거나 기존의 대학원 체제 내에서 별도의 과정을 만들어 체계화하자는 입장을 제시하였다.

"결론부터 말하면, 당연 별도의 프로그램과 과정을 만들어야 합니다. 덴마크 자유학교교원양성대학원이나 독일의 발도르프학교교육대학원과 같이 기독교대안학교 교사를 위한 별도의 과정은 반드시 필요하다고 봅니다. 이를 위해 대안학교교사양성을 위한 대학원대학교를 별도로 설립하거나 교육대학원 내 대안학교 교사를 위한 별도의 교육과정을 개설해 추가 학점을 이수할 수 있도록 복수전공과정을 두어 기대학교 교사자격을 부여하는 방법은 어떨까요." (S교장)

L전문가는 초등과 중등 현실이 다르다고 보았다. 중등은 교원자격증을 가진 이들이 많이 기독교대안학교에 유입되고 있는데, 초등은 현실적으로 초등 교원자격증을 가진 이들이 매우 부족한 현실을 지적하면서 일종의 보수교육 방식으로 이러한 문제를 해결할 수 있는 시스템이 필요하다고 주장한다. 신학대학교 내에 별도의 과정을 만들거나, 대안교사를 위한 대학원 과정의 신설 내

지는 기독교대안학교를 지원하는 연맹과 연구소 등이 연합하여 별도의 연수과
정을 만드는 방안까지 열어놓고 제시하였다.

"중등은 사대 출신을 뽑아서, 기독교대안프로그램을 교육시키면 됩니다. 초등은 다
른 대안이 필요합니다. 서울장신대에서 신학과 TO중에서 초등대안교육과정
시스템을 만들고 있고, 초등양성과정을 운영하고 있지요. 초등 대안교육전공은 필
요합니다. 대학설립은 현실적이지 않았다고 봅니다. 그런 기능을 할 수 있는 연
수원을 만들어서 가야 합니다. 최근에 관련 단체에서 논의가 이루어지고 있습
니다." (L전문가)

IV. 방향 검토

1. 교원양성과정

　　본 연구의 설문조사에서는 대안학교 교사를 제도권에서 별도로 양성할 필
요가 있다는 항목에 57.1%가 긍정적으로 답하였다. 제도화 및 체계화에 대한
요구가 있음을 알 수 있다. 제도화로서 검토할 수 있는 방법은 대안교사 자격증
신설이다. 대안교사자격증을 신설하려면, 교원자격검정령 19조에 전문상담교
사와 영양교사 자격증을 별도 조항으로 신설한 것처럼 대안교육 항목을 별도
로 구성할 수 있다.[6] 20조에는 1항에는 "대학, 산업대학, 전문대학, 고등교육
법 제2조 제5호에 따른 원격대학 또는 국군간호사관학교의 장이 자격증의 취
득을 위한 교직과정을 설치하고자 할 때에는 교육부장관의 승인을 받아야 한
다"고 규정하고 있다. 3항에는 "대학·산업대학 및 교육대학의 장 또는 시도교
육감은 제1항의 규정에 의한 교직과정 외에 자격증 취득을 위한 교육·연수과

정을 개설하고자 하는 경우(교육대학원 또는 대학원에 과정을 개설하고자 하는 경우를 포함한다)에는 교육부장관의 승인을 받아야 한다고 규정하고 있다. 이러한 규정을 바탕으로 교육대학 또는 사범대학, 교육대학원에서는 전공과목 50학점 이상, 교직과목 22학점을 규정하고 있다. 교원자격검정령 시행규칙에는 교원자격증의 표시과목을 규정하고 있다. 동 시행규칙 별표에는 교사자격증 표시과목을 제시하고 있는데, 전문상담교사 내지는 영양교육과정을 참고하여 별도의 대안교육교사 과정을 만들 수 있다. 이를 기준으로 본다면 기존의 교육대학 또는 사범대학에 1)대안교육 자격증 과정을 개설하는 방안 2)교육대학원에 별도 전공을 개설하는 방안 3)전문상담교사 또는 영양교사와 같은 대안학교 교사과정을 비교과 방식으로 별도로 신설하는 방안이 가능하다. 그러나 설문분석과 면담결과를 중심으로 살펴보면, 공교육 교원을 기르는 양성 내지는 자격 체계에서 대안교육자격증 과정을 신설해야 한다는 요구라기보다는 기독교대안학교의 특성을 고려해야 한다는 요구가 더욱 컸다. 본 연구의 설문과 면담에서는 대안학교 연맹체(연구소) 차원에서 자체 공동 운영을 선호하였다. 대안교사 자격과정을 현행 교·사대에 신설한다고 해도 실익은 크지 않아 보인다. 공교육 임용이 보장되지 않은 상태에서는 대안교원자격에 대한 수요가 발생하지 않을 가능성이 크다.

대안교육이 완전 법제화되었을 때는 핵심적으로 가르쳐야 할 공통과정을 제외하고는 특성화 전공 내지는 산학겸임교사 등을 활성화하거나 별도의 인정요건을 제시한다면 교원자격증 소지하지 않은 교사들을 흡수할 수 있는 제도적 장치는 가능할 것으로 보인다. 최근 고교학점제 도입을 기반으로 자격증이 없어도 특정분야의 전문가가 수업을 진행할 수 있는 제도 보장에 대한 요구가 커지는 만큼, 대안교육의 유연성을 보장할 필요가 있다. 이런 맥락에서 기존의 교·사대 교육과정을 염두에 두고 대안교육 교사자격증 신설은 현실 가능성도 낮고 실익도 크지 않다. 설문조사와 면담 결과에서 다수의 의견으로 제시된 것처럼, 대안교육 연합회 차원에서 민간 자격증 구축 방안을 검토하거나, 연합회 내지는 학교 차원에서 아카데미를 운영하고 지원 자격을 부여하거나, 면접에서 이를 참고하는 방안이 현실적이다. 하지만 대안교육에 대해서 공교육 주체들도 이해를 같이 할 필요가 있고 예비교원의 진로의 다변화라든지 대안교육 발전 차원에서 대안교육에 대해 이해할 수 있는 교과목을 교·사대 내에 개설을 할 필요가 있다. 인가형 대안학교의 경우, 교생 실습교로 적극 홍보하고 흡수함으로서 대안교육에 뜻을 지닌 예비 교원들의 이해를 넓힐 필요가 있다. 추후 교·사대 교육과정의 개편 과정에서 대안교육에 대한 이해를 높일 수 있는 교과목 개설을 교육부나 교·사대가 적극 검토해야 한다.

기독교대안학교 교원선발방식은 현행처럼 교원자격증 소지자를 기준으로 선발하되, 대안교육 아카데미 이수자를 포함하여 인력 풀을 넓혀서 학교 별로 선발하는 방식이 현실적인 방안으로 보인다. 하지만 개별학교 차원에서 예비교원을 위한 아카데미 과정을 이수하기는 현실적으로 쉽지 않기 때문에 기독교대안학교 관련 연맹이나 연합회, 연구소 차원에서 공동으로 기획하여 주기적

192

6) 교원자격 취득에 관한 사항은 교원자격검정령에 명시되어 있다. 제19조에는 무시험검정의 방법 및 합격기준을 제시하고 있다. 교육대학 또는 사범대학을 졸업한 사람, 교육대학원 또는 교육부장관이 지정하는 대학원 교육과에서 석사학위를 받은 사람, 교사양성특별과정을 이수한 사람 등을 규정하고 있다. 그런데 19조에는 전문상담교사 양성과정, 영양교육과정을 별도로 규정하고 있다.

으로 운영할 필요가 있다. 대안교육 아카데미 등을 공동으로 운영하되 기본과 정과 심화과정으로 이원화하여 심화과정에서 실습을 일정 기간 겸하는 방식도 검토할 만하다. 기독교대안학교 연맹 내지는 학교 차원에서 과정 이수에 대한 인증을 하거나, 채용 시 이수자에 대해 가산점을 부여하거나 이수 여부를 지원 자격으로 활용하는 방법이 현실적인 대안으로 보인다. 요약하면, 기독교대안 학교 교원에 대한 체계적 양성과정 요구가 있으나 기존의 교·사대 교육과정을 통해서 별도의 대안교사 자격증을 주는 방식이 아니라 기독교대안학교의 특 수성을 고려하여 기독교대안학교 연맹의 체계적 프로그램 운영이 현실적으로 보인다. 다만, 현직 기독교대안학교 교사들이 관련 대학원에서 재교육을 받을 수 있는 전공과 과정은 보다 확대될 필요가 있다.

2. 재교육 시스템

1) 학습공동체

설문조사 결과, 대안학교 교사의 전문성 향상을 돕는 재교육 시스템이 충분 한다는 의견은 15.7%에 불과하였다. 면담 결과에서도 기독교대안학교 교사들 의 성장을 저해하는 요소가 나타났고, 기존 교·사대 교육과정에서 가르치지는 않으나, 기독교대안학교에서 필수적으로 요구되는 역량이 별도로 존재하고 있 음을 알 수 있다. 별도의 기독교대안학교 교원 양성을 위한 자격과정이 없다고 해도, 현직교원의 역량을 강화하기 위한 다양한 경로를 보장할 필요가 있다. 가장 현실적이고, 바람직한 방식은 단위학교의 교사학습공동체 활성화이다.

기독교대안학교는 명실상부한 학습조직으로 변모해야 한다. 정기적인 시간을 확보하면서, 기독교세계관, 교육과정-수업-평가, 생활지도 및 학급운영 등에 관해서 학교 구성원들의 꾸준하게 학습을 하는 과정은 교사 개인과 기독교대안학교 조직에서 역량 확보를 위한 매우 중요한 과정이 아닐 수 없다. 이를 위해서는 학습공동체의 중요성에 대한 의미 공유가 필요하고, 이를 지속적으로 진행할 수 있는 구성원들의 동기 부여, 학교장의 관심과 지원이 필수적이다.

공교육에서는 혁신학교를 중심으로 시작한 학습공동체를 활성화하기 위하여 학교 자체 활동을 연수학점으로 인정하는 흐름으로 나아가고 있고, 관련 예산을 지원하고 있다. 이러한 학습공동체의 핵심은 수업의 개방과 나눔, 피드백, 개선의 순선환 구조의 형성이다. 수업을 사유지가 아닌 공유지로 바라보는 인식 전환에서 교실 수업은 개선된다. 무엇보다 학교 구성원 스스로 학습공동체 과정을 기획하고 운영한다. 자발적 참여, 학습공동체의 중요성에 대한 의미 공유, 지속적인 시간 확보, 적절한 학습 전략, 학교 차원의 지원이 어우러질 때 진정한 학습공동체는 작동할 수 있다. 하지만, 학습공동체 역시 '규모의 경제'가 작동하는 측면이 있다. 교원 규모와 예산, 정보 등이 결합될 때 학습공동체가 내실 있게 진행될 수 있다. 이런 관점에서 보면 단위학교 중심의 폐쇄적 학습공동체가 지니는 한계도 있다. 학습공동체를 이끌어갈 수 있는 리더의 부재, 전문성을 지닌 교사의 부족, 학습공동체에 관한 노하우, 학습공동체를 우선시하지 않는 학교의 방향성, 학교의 지원 부족 등이 결합되면 단위학교에서 교사들이 성장하는데 어려움이 발생한다. 이러한 문제를 해소하기 위해서는 학습공동체의 중요성에 대해서 교회 내지는 학교 리더들이 인지할 필요가 있다. 개별학교 차원의 학습공동체를 넘어선 기독교대안학교 교사들의 학교 밖 학습공동체를 활성화해야 한다. 이를 통해 교사와 학교 간 네트워크를 구축해야 한다. 최근 공교육에서는 교사 간, 학습공동체간, 학교 간 네트워크를 중시하고 있다. 공교육에는 교육청이 네트워크를 묶어내는 경향이 있는데, 기독교대안학교는 연구소나 연맹 또는 자발적 교원학습공동체가 주도할 수밖에 없다. 기독교대안학교 교사들의 생애주기를 연구하여 저 경력-중경력-고 경력자를 중심으로 당면한 어려움과 과제는 무엇이고, 이를 극복할 수 있는 전략과 방안에 대해서 경력 교사들이 신임교사에게 전수할 수 있는 시스템을 구축해야 한다. 이러한 학습을 촉진할 수 있는 지원 방안을 연맹이나 연구소 차원에서 혹은 연합 차원에서 적극적으로 모색해야 한다. 동시에, 대안학교 교사들의 학습공동체 참여 활성화가 필요하다. 기독교대안학교 내에 형성된 학습공동체, 학교 밖 학습공동체, 공교육 교사들과 함께 참여하는 학습공동체의 결합이 필요하다. 기독교대안학교 교사들이 학교 안팎의 학습공동체에 참여할 수 있는 흐름과 문화를 조성해야 하며, 이에 대한 의미공유와 공감이 필요하다. 공립학교에서는 연구년 교사제를 부분적으로 운영하고 있는데, 재정의 여유가 있는 기독교대안학교 차원에서, 연맹 차원에서 기금을 조성하여 프로그램을 운영하고, 개인단위의 연구를 넘어 개인과 학교의 실천을 정리할 수 있는 미션을 제시하고, 그 결과물을 공유할 수 있는 방안도 모색할 필요가 있다.

2) 대학원

기독교대안학교 교사를 위한 대학원 과정에 대한 수요는 어느 정도 확인할 수 있었다(P교사, S교장, L전문가). 현실적으로는 기존의 아세아연합신학대학교나 한동대학교, 장로회신학대학교 교육대학원에서 대안교육관련 교과목을 추가 개설하고, 수요가 많은 경우 별도의 기독대안교육 전공과정을 개설할 수도 있을 것이다. 장신대 교육대학원의 경우, 기독교교육개론, 성서교육방법 등이 개설되어 있으며 한동대 교육대학원의 경우, 성서 이해 및 해석학, 기독교세계관의 이해, 소명과 기독 교사론, 아세아연합신학대학교 교육대학원은 기독교세계관과 교육, 기독교학교 교육과정 이론, 기독교학교 교육과정 운영 실제, 기독교학교 경영 및 행정, 기독교적 학급운영 등의 교과목을 현재 개설 운영하고 있다. 기독교대안학교 교사들이 교육자로서 기본적으로 알아야할 과정과 기독교대안학교의 상황과 맥락에 맞는 특화된 과정으로 이원화하되, 선택과정의 폭을 넓힌다면 기존의 과정에서도 기독교대안학교 교사들의 성장에 도움이 되는 교과목을 제공하거나, 별도의 전공과정을 충분히 구성할 수 있을 것이다. 다만, 교과목을 개설해도, 이에 대한 실천력과 전문성이 결합된 교수진이 없으면 편제와 내용 간 간극이 발생할 수 있다는 점에서 대안학교에서 실천 경험을 가진 교수진의 채용을 확대하고, 현장경험이 풍부한 교원을 겸임교수로 적극 활용해야 한다. 기독교대안학교와 연계한 실습 내지는 실행 연구과정의 강화 등을 함께 모색해야 한다. 이러한 과정과 함께 모색해볼 수 있는 과정은 계약학과 방식이다. 2003년 이후 '산업교육진흥 및 산학협력촉진에 관한 법률'에 의해 국가, 지방자치단체, 산업체 등과 대학이 계약을 맺고, 학위과정을 운영하는 흐름이 나타나고 있다. 대학원도 최근 정원확보가 어렵기 때문에 현장 수요를 반영하여 운영하고 있다. 계약학과 방식은 아니어도, 서울교육청과 경기도 교육청은 각 대학과 MOU를 맺고, 혁신전공과정을 교육대학원의 일부 전공으로 개설하여 운영하고 있다. 최근 들어 교육대학원의 경우, 정원을 확보하지 못하는 현상이 서서히 나타나고 있기 때문에 전공에 대한 신설 수요에 탄력적으로 대응하는 경향이 있다. 이러한 흐름을 잘 활용한다면 기독교대안학교 교사들의 성장을 위한 전공 개설이나 교과목 개설은 충분히 가능한 상황이다. 기독교대안학교연맹이나 기독교학교교육연구소 차원에서 특정대학과 협약을 맺고 협력교육과정을 운영할 수도 있다. 처음에는 비학위과정으로 출발을 하다가 프로그램을 검증하면서 발전시키면 학위과정으로 발전시킬 수도 있다. 기독교대안학교에서 일정 기간 연구년 교사 제도를 적용하고, 이들을 위한 대학원 과정을 일부 적용하는 방법도 가능하다. 학비가 문제가 될 수 있는데, 본인 분담과 교회, 연맹, 학교 차원의 분담을 통해 사람을 키우는 체계적 전략 단위로 대학원을 적극 활용하는 방법도 모색할 필요가 있다. 향후 교육감 공약 과정에서 인가형 뿐만 아니라 미인가형 대안학교 교사들을 위한 지원 방안을 적극 요구할 필요가 있는데, 학습공동체 활성화 예산이라든지 각종 직무연수 참여권, 파견 및 연구년제(인가형)의 지원대상 확대 등을 요구할 필요가 있다. 관련 법률 내지는 지원조례 등의 근거가 있다면 대안학교에 대한 지원 범위와 영역의 확장을 충분히 모색할 수 있다. 대학원과 상관없이 연맹과 연구소 등이 연합하여 일종의 대안대학원 과정을 시도하면서, 비학위과정으로 출발하고, 이후 성과를 바탕으로 특정 대학의 대학원과 공동운영을 모색할 수 있을 것이다.

V. 결론 및 제언

설문분석 결과를 보면, 교직이수나 교원양성기관을 거쳐서 교육에 관한 기본 소양과 자격을 거쳐서 기독교대안학교 교사로 임용될 필요가 있다는 의견에 대해서 74.9%가 긍정하였다. 동시에 공교육에서 기간제 교사 내지는 정교사 경험을 가지는 것이 대안학교 교육과정을 운영하는데 도움이 된다는 의견도 68.6%로 나타났다. 대안학교 교사를 별도로 양성할 필요가 있다는 의견도 57.1%로 나타났다. 이러한 견해는 면담 결과에서도 일정하게 확인을 할 수 있었다. 교·사대를 나왔다는 사실이 기독교대안학교 교사로서 필수요소는 아니겠지만 교육의 기본기를 갖추는 데는 일정하게 도움이 되고, 공교육을 거치게 되면 교육과정이나 학생 생활지도 등에 도움을 줄 수 있다는 의견이 많았다. 기독교대안학교 역시 학교이고, 시공간을 초월한 교육의 보편적 요소를 지닌다. 교사에게 필요한 자질과 전문성, 역량에 관한 공통분모가 공교육과 기독교대안학교에 존재하기 때문이다. 하지만, 공교육의 일반학교 교사에게 요구하는 요소와 별도로 기독교대안학교 교사로서 필요한 고유한 특성과 자질 역시 요구된다. 동시에 기독교대안학교와 일반 공교육의 교육철학과 목표, 비전, 문화, 운영양성 등에는 일정한 차이가 있기 때문에 별도의 과정을 통해서 학습될 필요가 있다는 의견이 많았다. 이는 공교육 경험을 가진 집단들이 그렇지 않은 집단에 비해서 교원자격증, 교·사대교육과정, 공교육 경험에 대해서 부정적으로 바라보는 인식에서 확인할 수 있다. 면담 결과, 연구참여자들은 현실적으로 기존의 교·사대 교육과정에서 대안교원 자격증을 취득하는 체제는 쉽지 않고, 있다고 해도 바람직하지 않다고 보면서, 대체적으로 연맹이나 연구소 차원에서 별도의 과정을 만들 필요가 있다는 의견을 제시하였다. 다만, 기존의 교·사대 교육과정에서도 예비교원들이 공교육뿐만 아니라 대안교육을 교과목을 이수할 필요는 있다는 의견도 제시되었다.

이런 맥락에서 대안학교 교사자격증이 별도로 필요한가에 대해서는 상대적으로 찬성 의견이 낮게 나타났다. 본 연구의 설문조사에서는 43.5%만이 찬성하였다. 대안학교 내지는 대안교육을 예비교사들이 배우고 익히는 과정은 의미가 있지만, 이를 별도의 자격체계로 가져가야 하는가에 대해서는 이견이 존재했고, 연구참여자들도 대안교사의 자격증 체계에 대해서는 크게 공감하지 않았다. 다만, 중등에 비해서 초등의 경우, 현실적으로 교원자격증을 취득한 자원이 매우 부족한 현실이라는 점에서 이들의 기본기 내지는 전문성을 향상시킬 수 있는 연수 프로그램은 필요해 보인다. 대안학교 교원양성과정의 경우, 현행 교직 내지는 교·사대 교육과정에 대안교육을 배울 수 있는 과목을 일부 포함하면 충분하다는 의견이 제시되었고, 대안학교 연맹체 차원에서 각종 프로그램을 운영하면 좋겠다는 의견이 많았다. 대안학교 연맹 차원에서 예비교원과 현직교원을 위한 프로그램에 대한 기획해달라는 요구가 있었다. 그러나 현행 방식에 대해서는 개선 요구가 있었다.

종합해보면, 기독교대안학교에 엄격한 대안교사 자격증을 요구하는 방식보다는 비교적 개방적인 교원채용과정을 원하고 있었다. 하지만 현직 기독교 대안학교교사의 역량을 기를 수 있는 대학원 체제를 선호하는 경향도 나타났다. 기존의 교육대학원 내에 대안학교 전공과정을 만들거나, 신학대학원 내에 별도의 전공과정을 만들 수도 있다. 설문조사에서는 대체적으로 학교에서 교사를 위한 다양한 연수 프로그램에 참여하도록 지원하고 있다는 응답 비율이 71.3%로 높게 나타났지만, 대안학교 교사의 전문성 향상을 돕는 재교육 시스템에 대해서는 충분하다고 응답한 비율은 12.7%에 그쳤다. 프로그램의 양과 질적인 측면 모두 취약한 상태로 보인다. 교원양성기관 내지는 교원재교육 프로그램의 핵심에는 기독교세계관, 소명의식, 대안교육 철학, 교육과정–수업–평가 전문성, 생활지도 및 상담, 학생이해가 들어가야 한다는 요구가 많았다. 면담 결과, 기독교대안학교 교사의 역량 진단에 대해서는 공교육에 비해서 자율성이 보장되기 때문에 성장할 수 있는 조건의 형성되어 있다고 보았지만, 교사 간 편차가 발생할 수 있고, 공교육보다도 지원시스템이 취약하기 때문에 성장이 머무르거나 역량이 떨어질 수 있다는 의견도 개진되었다. 기독 교사들에게 필요한 전문성과 자질은 기독교세계관을 바탕으로 한 교과통합능력, 변혁적 가치, 영성과 인성, 소명의식, 교사의 전문성(교육과정과 대안을 제시할 수 있는 역량), 대인관계 및 네트워크 활용 능력이 제시되었다.

기독 교사들이 현장에서 겪는 어려움 역시 적지 않은데, 교사 개인과 학교 차원으로 나누어볼 때, 교사 개인은 경제적 어려움, 성정하기 어려운 상황, 다양한 갈등의 발생, 전문성 부족, 피로감 누적과 소진 현상으로 나타났다. 학교 차원은 학교의 비전과 방향의 부재, 교회의 비전문적 간섭, 학부모의 간섭, 재정 지원 부족, 리더십 및 역사적 안목의 부재로 나타났다. 이러한 어려움을 해소할 수 있는 교원에 대한 체계적인 지원 프로그램과 기독교대안학교의 조직 재구조화가 필요하다.

교·사대교육과정과 공교육교사경험의 유효성은 다소 분분했지만, 교·사대

교육과정에 대해서는 회의적 시각이 많았다. 교육의 기본기를 다지는데 도움이 되지만 현장과 임상과 실천이 약하기 때문에 나타난 현상으로 보인다. 공교육 교사 경험에 대해서는 도움이 되는 측면과 그렇지 않은 측면이 있다. 설문조사에서는 도움이 된다는 의견이 많았지만 면담에서도 도움의 정도에 대해 지지가 높지 않았다. 공교육에서 굳어진 신념과 방법이 오히려 대안학교의 현장에 맞지 않을 수 있고, 자칫 동료교사들과 갈등을 일으킬 수도 있다는 의견이 제시되었다. 기독교대안학교 교원양성방식은 다소 다양한 스펙트럼의 의견이 개진되었다. 교·사대를 나와야지만 기독교대안학교 교사가 되는 방식에 대해서는 선호하지 않았다. 다만, 기존의 교·사대교육과정에서 대안교육에 대해서 배울 수 있는 교과목이 필요하다는 의견이 제기되었다. 현직교사를 위한 교사연수과정은 필요하지만 기존의 교육대학원 방식은 별로 도움이 되지 않을 것이라는 의견도 제기되었다. 현실적으로는 기독교대안학교 연맹체에서 연합과정을 만들거나, 별도의 전문대학원을 운영하거나, 기존의 대학원 내 하나의 전공과정을 개설하는 방식으로 방안이 압축될 수 있다. 이러한 연구 결과를 바탕으로 다음과 같이 제언한다.

첫째, 교회와 기독교대안학교의 성찰과 반성을 바탕으로 비전 세우기와 합의, 공유가 필요하다. 기독교대안학교가 양적으로 확산되는 경향이 있지만, 두 조직이 협력의 양상을 보이기보다는 관점과 문화, 일하는 방식의 차이에 의해 긴장과 갈등이 때론 나타나기도 한다. 교회의 수직적 구조 하에서 기독교대안학교를 하부조직으로 인식하면서 대안학교의 자율성과 전문성을 보장하지 못하게 되고 이 과정에서 기독교대안학교 교사들의 정체성과 효능감은 저하될 수

201

있다. 기독교대안학교를 교회가 왜 세웠는가에 대한 문제의식을 다시 확인하면서 초기 정신에서 이탈한 부분이 무엇이고, 지켜지고 있는 것은 무엇인지 점검하고, 교회와 학교가 가진 이격 요소가 어디에 있는가를 확인하면서 해법을 찾아야 한다. 기독교대안학교가 미래학교를 열어가는 학교로서의 비전과 위상 정립이 필요하다. 학령인구 감소라든지 탈기독교 현상이 강화될수록 기독교대안학교의 전망은 어두워진다. 여기에 공교육에서는 혁신학교를 확산시키면서 대안학교 수요를 흡수하고 있다. 이러한 점에서 기독교대안학교는 교육과정에 관한 과감한 실험과 함께 공동체성의 가치를 더욱 복원하면서 한명의 학생이 지닌 고유성과 잠재가능성을 극대화할 필요가 있다. 동시에 변혁의 가치를 삶에서 구현하는 기독시민을 길러내는 학교의 위상을 갖추어야 한다. 이러한 비전을 실현하는 학교로서 그 위상을 정립하고, 이를 감당할 수 있는 기독대안교사를 양성하고 성장시키는데 총력을 기울여야 한다.

둘째, 기독교대안학교의 실천과 경험에 대한 기록과 축적, 공유의 장이 필요하며, 교육과정 네트워크를 구축해야 한다. 학교 안팎 학습공동체를 활성화해야 한다. 본 연구에서는 기독교대안학교 교사의 이탈현상이라든지 소진 현상이 이루어지고 있었고, 교사의 성장 구조가 취약한 점을 면담을 통해서 확인할 수 있었다. 기독교대안학교 간에서도 다양한 스펙트럼이 존재하고 역량 간 차이가 나타날 수밖에 없다. 역사와 전통이 누적된 기독교대안학교에서 인근의 기독교대안학교를 품으면서 네트워크를 해야 한다. 소위 거점 기독교대안학교를 중심에 세우고, 이 학교를 중심으로 인근의 학교를 견인하면서 기독교대안학교 교사의 성장 모델을 일상에서 제시할 필요가 있다. 특히, 기독교세계관을 교육과정에 적용하고 해석하고 실행하는 역량은 입직 이후에 본격적으로 키워야 한다. 이에 관한 기획과 실행과정을 학습공동체를 통해서 체계화해야 한다. 동시에, 기독교대안학교 간 교육과정 네트워크를 구축해야 한다. 최근 공교육에서는 공동교육과정을 통해서 개별학교에서 감당하지 못하는 교육과정을 인근의 학교와 공유하고 있다. 대안학교와 대안학교 간 협력교육과정을 운영하고, 각자의 학교가 지닌 강점 프로그램과 교·강사를 공유하는 모델을 활성화할 필요가 있다. 인근의 학교와 공유하면서, 필요시 토요일 강좌 등을 열어서 교육과정 네트워크 모형을 활성화할 필요가 있다. 이를 통해 교사의 성장을 촉진하고 기독교대안학교의 역량을 제고해야 한다.

셋째, 기독교대안학교의 제도화 과정에서 학교에 필요한 교사의 전문성 확보를 위한 보편적 원리와 기독교대안학교가 지닌 특수성의 원리를 함께 고려해야 한다. 본 연구에서는 교육과정과 수업, 평가, 생활지도, 학급운영에 관한 교사가 갖추어야할 보편적 전문성을 요구하는 목소리도 있었고, 기존의 교원양성기관이나 대학원와 같은 제도권 양성 체제로는 기독교대안학교의 특수성을 고려하기 힘들다는 요구도 동시에 나타났다. 이는 기독교대안학교가 지닌 고유의 속성과 특성이 존재하기 때문에 그 특성을 고려해야 한다는 요구로 해석된다. 결국, 기독교대안학교의 특수성을 고려한 제도화 방식이 필요하다. 본 연구에서는 기독교대안학교 교사들이 겪는 개인과 학교 차원의 어려움을 확인할 수 있었다. 기존 기독교대안학교 관련 교육과정을 운영하는 대학원에서는 기독교대안학교 교사들이 직면하는 문제를 교육과정으로 흡수하고, 해당분야 경력을 지닌 인사를 교수진으로 활용함으로서 현장성과 문제해결능력을 강화해야 한다. 동시에, 기독대안교육 관련 연구소와 연맹, 연합회 차원에서 공동으로 예비교원 및 교원을 위한 아카데미를 체계적으로 운영함으로서 양질의 기독대안교사를 확보해야 한다.

이미 많은 기독교대학들에
재교육과정들이 개설되어 있는데,
이들 연계하거나 통합할 수 있는 방법은
없을까요? 현재 대학시스템을 활용해서
기독교대안학교 교사를 양성하거나
재교육할 수 있는 방법은 없을까요?

함께 생각할 질문

이 장과 관련된 자신의 경험을 되돌아보고 함께 생각을 나누어보세요.

1. 기독교대안학교 교원양성과 재교육과정을 위한 교육내용에 어떤 것이 가장 필요하다고 생각하시나요?

2. 이 장에서 제시된 여러 방안 중 기독교대안학교 교원양성을 위해 가장 바람직한 방법이 무엇이라고 생각하시나요?

3. 이 장에서 제시된 여러 방안 중 기독교대안학교 교사재교육을 위한 바람직한 방법이 무엇이라고 생각하시나요?

〈1장〉

강영택(2010). 기독교대안학교의 교육성과에 대한 질적연구. 신앙과 학문, 15(1), 31-58.

강영택·박상진·함영주(2019). 기독교학교교육연구소. 한국기독학부모의 정체성과 역할(기독교학교교육연구신서 16). 서울: 예영커뮤니케이션

강용원(2010). 누가 교육하는가. 오인탁 편, 기독교교육학개론. 서울: 기독한교. 275-303.

박상진·이종철(2019). 당신이 기독교대안학교에 대해 알고 싶은 모든 것: 5년마다 알아보는 기독교대안학교의 현황(제3차 기독교대안학교 실태조사). 서울: 부크크.

박상진·조인진(2011). 기독교대안학교의 영역별 교육성과 분석연구. 장신논단, 41, 341-365.

이은실·강영택(2011). 기독교대안학교 졸업생들이 인식하는 교육성과에 대한 질적연구. 기독교교육논총, 26(1), 81-515.

한춘기(2014). 교회교육 코칭. 서울: 대한예수교장로회총회.

함영주(2013). 기독교 청소년의 교육생태체계와 영적발달의 상관성 연구. 개혁논총, 28, 281-312.

함영주(2015a). 기독교대안학교 교육시스템 분석과 미래 기독교대안교육의 방향성. 대한예수교장로회총회교육진흥국, 11-44.

함영주(2015b). 기독교대안학교 졸업생들의 교육성과에 대한 질적연구. 신학과 실천, 47, 459-484.

〈2장〉

강영택(2010). 기독교대안학교의 교육성과에 대한 질적 사례연구. 신앙과 학문, 15(1), 31-58.

김선요(2013). 대안교육 지원을 위한 법제화 방안: 미인가 기독교 대안교육 공동체를 중심으로. 서울여자대학교 사회과학논총, 20, 127-151.

김영천(2015). 질적연구방법론 II: Methods (2판). 파주: 아카데미프레스.

김주영·장재홍·박인우(2018). 전문적 학습공동체 참여 여부에 따른 교사협력정도, 수업개선활동, 교사효능감, 교직만족도 비교 분석. 교사교육연구, 57(1), 1-15.

김종훈(2017). 교사들이 형성한 '교육과정 재구성'의 의미 탐색. 교육과정연구, 35(4), 281-301.

김종훈(2018). 교사들이 형성한 '공동체'의 의미: 교사학습공동체를 통한 연계와 협력에 대한 사례 연구. 교육과정연구, 36(3), 29-47.

박상진(2010). 기독교대안학교 유형화 연구. 장신논단, 37, 153-187.

박상진·김창환·김재웅·강영택(2015). 기독교학교의 미래 전망(기독교학교교육연구신서 13). 서울: 예영커뮤니케이션.

박상진·이길재·최용준·강영택(2019). 기독교 대안학교의 재정(기독교학교교육연구신서 15). 서울: 예영커뮤니케이션.

박상진·이종철(2019). 당신이 기독교대안학교에 대해 알고 싶은 모든 것: 5년마다 알아보는 기독교대안학교의 현황(제3차 기독교대안학교 실태조사). 서울: 부크크.

박승렬(2015). 교사 학습공동체에서의 숙의가 학교교육과정 개발에 주는 함의. 학습자중심교과교육연구, 15(12), 617-644.

이은실·강영택(2011). 기독교대안학교 졸업생들이 인식하는 교육성과에 대한 질적 연구. 기독교교육논총, 26, 418-515.

이정미(2015). 기독교대안학교 교사공동체의 집단적 수업성찰 사례연구. 기독교교육정보, 47, 231-263.

함영주(2015). 기독교 대안학교 졸업생들의 교육성과에 대한 질적 연구: 딜레마 내러티브 분석을 중심으로. 신학과 실천, 47, 459-483.

Bohl, N.(1995). Professionally administered critical incident debriefings for police officers. In M. I. Kurke, & E. M. Scrivner (Eds.), Police psychology into the 21st century (pp. 169-188). Washington, DC: APA Publishers.

Clandinin, J., & Connelly, M.(2000). Narrative inquiry: Experience and story in qualitative research. CA: Jossey-Bass.

Connelly, M., & Clandinin, J.(1988). Teachers as curriculum planners: Narratives of experiences. NY: Teachers College Press.

Darling-Hammond, L., & Richardson, N.(2009). Teacher learning: What matters?. How Teachers Learn, 66(5), 46-53.

Dewey, J., & Bentley, A.(1949/1991). Knowing and the known. Boston, MA: The Beacon Press.

Hein, G. E.(1999). Is meaning making constructivism? Is constructivism meaning making?. The Exhibitionist, 18(2), 15-18.

MacIntyer, A.(1981). After virtue. Notre Dame, Ind.: University of Notre Dame Press.

Maxwell, J.(1996). Qualitative research design: An interactive approach. Thousand Oaks, CA: Sage Publications.

Miles, M. B., & Huberman, A. M.(1994). Qualitative data analysis: An expanded sourcebook (2nd Ed.), Thousand Oaks, CA: Sage Publications.Patton, M. Q. (1990). Qualitative evaluation and research methods. Thousand Oaks, CA: Sage Publications.

Schön, D.(1983). The reflective practitioner: How professionals think in action. New York: Basic Books.

Seidman, I.(2006). Interviewing as qualitative research (3rd ed.). 박혜준·이승연 역(2009). 질적 연구 방법으로서의 면담. 서울: 학지사.

Turner, E. O.(2015). Districts' responses to demographic change: Making sense of race, class, and immigration in political and organizational context. American Educational Research Journal, 52(1), 4-39.

Woods, P.(1993). Critical events in teaching and learning. London, UK: Falmer Press.

〈3장〉

김이경·김현정(2014). 국제 비교 관점에서 본 한국 교사 전문성 개발 실태 진단. 한국교육문제연구, 32(4), 103-119.

김정원·박소영·김기수·정미경(2011). 교사생애단계별 역량 강화 방안 연구. 서울: 한국교육개발원.

김혜숙(2003). 교원 '전문성'과 '질'의 개념 및 개선전략 탐색. 교육학연구, 41(2), 93-114.

김효숙(2019). 4차 산업혁명 시대의 기독교 대학교육의 과제. 기독교교육정보, 61, 1-32.

김희규(2018). 교사의 교직발달단계별 학생이해역량 분석. 홀리스틱융합교육연구, 22(3), 35-57.

박상진(2006). 기독교학교교육론. 서울: 예영커뮤니케이션.

박상진·조인진·강영택·이은실(2012). 기독교대안학교의 성과를 말한다. 서울: 예영커뮤니케이션

박준기(2011). 전문성 발달단계를 반영한 교사자격기준 개발 및 타당성 분석. 교육행정학연구, 29(4), 417-437.

손성호·임정훈(2017). 교사 생애주기별 핵심역량 모델링 및 역량기반 교육과정 개발 연구. 교육공학연구, 33(2), 365-295.

송경오·정지선(2008). 현직 교사의 전문성에 영향을 미치는 학교환경. 한국교육, 35(4), 81-105.

이옥화·장순선(2018). 교사 경력에 따른 수업전문성 발달 분석. 교육정보미디어연구, 24(4), 755-777.

임종헌·유경훈·김병찬(2017). 4차 산업혁명사회에서 교육의 방향과 교원의 역량에 관한 탐색적 연구. 한국교육, 44(2), 5-32.

임창호(2018). 4차산업혁명 시대의 기독교교육 방향성 제고. 기독교교육논총, 56, 11-44.

정신애(2015). 기독교대안학교 교사 육성을 위한 교육적 제언. 기독교교육정보, 44-1, 99-127.

조대연(2009). 교사 발달단계별 직무역량 요구분석: 서울초등교사를 대상으로. 한국교원교육연구, 26(2), 365-385.

조동섭(2005). 교사의 전문성 제고를 위한 정책 방향과 과제. 한국교원교육학회 학술대회자료집, 5, 2-17.

조인진(2008). 기독교대안학교 교사들의 교육적 신념에 대한 연구. 총신대논집, 28, 413-446.

주영주·김경자·김은주·김정선·박은혜·봉미미·서경혜·성효현·이용하·이은주·이종경·이종희·임현식·허명·황규호(2006). 이화교원교육기준 개발 연구. 한국교원교육연구, 23(2), 153-187.

허주·최원석(2019). 교사전문성 개발 활동 효과에 관한 메타 분석. 교원교육, 35(1), 147-169.

허주·최수진·김이경·김갑성·김용련(2015). 교원 및 교직환경 국제비교 연구: TALIS 2주기 결과를 중심으로. 한국교육개발원.

Braley, J., Layman, J. White, R.(2003). Foundations of Christian School Education. Colorado Springs, CO: Purposeful Design Publications.

Creswell, J. W., & Plano Clark, V. L.(2011). Designing and conducting mixed methods research (2nd ed.). Thousand Oaks, CA: Sage.

Engelsma, D.(2000). Reformed education: The Christian School as demand of the covenant. Grandville, MI: Reformed Free Publishing Asso.

Freidson, E.(2001). Professionalism: The third logic on the practice of knowledge. Chicago, IL: University of Chicago Press.

OECD(2005). Teachers matter: Attracting, developing and retaining effective teachers. Paris: OECD Publishing.

OECD(2014). TALIS 2013 Results: An International Perspective on Teaching and Learning. Paris: OECD Publishing.

기독교학교교육연구소 http://www.cserc.or.kr

NBPTS https://www.nbpts.org/

〈4장〉

곽 광(2010). 신앙공동체를 지향하는 기독교 대안학교. 서울: 예영커뮤니케이션

김명자(2014). 기독교대안학교 교사의 교육체험에 대한 질적 연구. 백석대학교 박사학위논문

김재림(2004). 기독교대안학교의 교사상에 관한 연구. 총신대 석사학위논문

노상우·고현수·권희숙(2010). 대안학교 학생의 교사만족도에 대한 내러티브 탐구. 교육문제연구, 15(1), 191-220.

박상진·이종철(2019). 당신이 기독교대안학교에 대해 알고 싶은 모든 것: 5년마다 알아보는 기독교대안학교의 현황 (제3차 기독교대안학교 실태조사). 서울: 부크크.

박상진·조인진(2011). 한국 기독교대안학교의 유형분류에 대한 연구. 신앙과 학문, 16(3), 121-145.

배지현 외 2013). 학교교육과정 편성·운영 개선을 위한 연구 – 대안학교(학력인정) 교육과정을 중심으로-. 교육부

조영미(2016). 예비교사들의 대안교육에 대한 인식조사 연구. 교육논총. 53(1), 1-27

심대현(2018). 대안교육 제도의 문제점과 개선방안에 관한 법적연구. 동아대학교 법학박사학위논문.

이병환(2007). 대안학교 관련 쟁점 분석 – 관련 법령에 대한 대안학교 교원들의 인식을 중심으로. 교육행정학연구, 25(4), 535-563

이종태 외(2005). 대안교육의 영향분석 및 제도화 방안 연구. 교육인적자원부

이종우(2012). 한국기독교대안학교의 교사교육 실태분석 및 활성화 방안. 호서대학교 박사학위논문

이학춘·심대현(2017). 비인가 대안교육 시설에 관한 제도적 개선방안 연구. 법학연구, 25(4), 205-229.

이현주·배상훈(2018). 대안학교 교장의 변혁적 리더십이 신뢰와 의사소통을 매개로 교사의 조직몰입에 미치는 영향. 열린교육연구, 26(1), 1-29.

한병선(2006). 한국의 대안교육 성과와 과제. 한국사진지리학회지, 16(1), 61-67.

황준성·이혜영(2010). 대안학교 관련 법제 정비방안 연구. 교육법학연구, 22(1), 169-197.

DiMaggio, P., & Powell, W. W.(1983). The iron cage revisited: Collective rationality and institutional isomorphism in organizational fields. American sociological review, 48(2), 147-160.

Streeck, W., & Thelen, K. A.(2005). Beyond continuity: Institutional change in advanced political economies. Oxford University Press.

기독교대안학교 교사의 삶 실태조사

안녕하십니까? 기독교학교교육연구소는 2019년 '기독교대안학교 교사, 누구인가?'라는 주제로 학술대회를 준비하고 있습니다. 본 설문지는 기독교대안학교 교사들의 삶에 대한 실태를 분석하여, 발전적인 방향을 제시하는데 도움을 얻고자 하는 설문조사입니다. 설문은 5개의 파트로 구성되어 있으며 15~20분 정도 소요될 것입니다. 바쁘시더라도 성실히 답변해주시면 감사하겠습니다. 설문조사는 연구 목적 이외에는 사용되지 않을 것을 약속드리며, 기독교대안학교 교사들을 위한 좋은 연구가 되리라 믿습니다.

2019년 9월 23일

기독교학교교육연구소 소장 **박상진** 드림

본 조사와 관련하여 문의하실 사항이 있으시면 아래로 연락주시기 바랍니다.
기독교학교교육연구소 02)6458-3456, cserc@daum.net

Part1. 〈의미/소명〉 (10문항)

1. 기독교대안학교 교사를 지원하게 된 이유는 무엇인가요? (모두 선택해주세요)

① 지인 권유　　② 관련 전공　　③ 기독교교육 의지　　④ 우연한 호기심

⑤ 교사로서의 적성　　⑥ 직업 안정성　　⑦ 기독교적 교육환경　　⑧ 자기 발전

⑨ 사회적 기여　　⑩ 사회적 존경　　⑪ 교육에 헌신하고자 하는 사명감

*다음 문항을 읽고 해당하는 번호에 <u>하나만</u> ∨표 응답해주시기 바랍니다.

	문항	전혀 그렇지 않다.	그렇지 않다.	보통이다	그렇다	매우 그렇다
2	나는 내가 현재 하고 있는 분야의 일에 부름을 받았다고 믿는다.	①	②	③	④	⑤
3	나의 일은 내 삶의 목적을 실현하도록 도와준다.	①	②	③	④	⑤
4	기독교대안학교 교사로서 나는 내가 하는 일에 대하여 자부심이 있다.	①	②	③	④	⑤
5	나는 나의 일에 보람을 느낀다.	①	②	③	④	⑤
6	나는 현재 내가 하고 있는 일에 흥미를 느낀다.	①	②	③	④	⑤
7	다른 사람들이 나의 일을 중요하게 여긴다.	①	②	③	④	⑤
8	현재 내가 하고 있는 일은 나의 적성에 맞는다.	①	②	③	④	⑤
9	나는 나의 일이 만족스럽다.	①	②	③	④	⑤
10	나는 나의 삶이 만족스럽다.	①	②	③	④	⑤

Part2. 〈급여/노동〉 (15문항)

1. 현재 월평균 급여(세전)는 얼마인가요?

   ① 없음 ② 100만원 미만 ③ 100-125만원 ④ 150-175만원

   ⑤ 150-175만원 ⑥ 175-200만원 ⑦ 200-225만원 ⑧ 250-275만원

   ⑨ 250-275만원 ⑩ 275-300만원 ⑪ 300-350만원 ⑫ 400-450만원

   ⑬ 400-450만원 ⑭ 450-500만원 ⑮ 500만원 이상

2. 현재의 급여 수준이 적절하다고 생각하나요?

   ① 전혀 그렇지 않다 ② 그렇지 않다 ③ 보통이다 ④ 그렇다

   ⑤ 매우 그렇다

3. 학교의 상황을 고려했을 때, 월평균 희망 급여는 얼마인가요?

   ① 100만원 미만 ② 100-125만원 ③ 125-150만원 ④ 150-175만원

   ⑤ 175-200만원 ⑥ 200-225만원 ⑦ 225-250만원 ⑧ 250-275만원

   ⑨ 275-300만원 ⑩ 300-350만원 ⑪ 350-400만원 ⑫ 400-450만원

   ⑬ 150-500만원 ⑭ 500만원 이상

   4. 4대 보험에 가입이 되어 있나요?

   ① 가입되어 있다 ② 가입되어 있지 않다 ③ 일부 가입되어 있다

5. 퇴직 시, 퇴직금이 지급되나요?

   ① 지급된다 ② 지급 되지 않는다

6. 급여 관련 계약서가 있나요?

   ① 있다 ② 없다

7. 급여결정에 대한 합리적 의사결정 체계가 되어 있다고 생각하십니까?

   ① 전혀 그렇지 않다 ② 그렇지 않다 ③ 보통이다 ④ 그렇다

   ⑤ 매우 그렇다

8. 학교의 공식적인 출퇴근 시간이 있나요? 있다면 몇 시인가요?

   ① 정해진 출퇴근 시간이 있다. 출근 (   )시 / 퇴근 (   )시

   ② 정해진 출퇴근 시간이 없다

9. 실제 출퇴근 시간은 평균적으로 몇 시인가요? 출근 (   )시 / 퇴근 (   )시

10. 주간 수업 시수는 총 몇 시간인가요? 주 (   ) 시간

*다음 문항을 읽고 해당하는 번호에 <u>하나만</u> ∨표 응답해주시기 바랍니다.

문항	약하다 ⟨--------------⟩ 강하다
11 현재 학교에 오기 전 예상했던 노동의 강도는 어떠했나요?	① ② ③ ④ ⑤ ⑥ ⑦ ⑧ ⑨ ⑩
12 현재 느끼는 노동의 강도는 어떠한가요?	① ② ③ ④ ⑤ ⑥ ⑦ ⑧ ⑨ ⑩

13. 공휴일, 주말을 제외하고 1년 중 출근하지 않고 실제 쉬는 날은 총 몇 일인가요?

   (예 : 여름 방학 중 휴일 + 겨울 방학 중 휴일 + 학기 중 휴일)

   (   )일

14. 현재 교직생활이 안정되어 있다고 생각하나요?

   ① 전혀 그렇지 않다(15번으로)   ② 그렇지 않다(15번으로)   ③ 보통이다(15번으로)

   ④ 그렇다   ⑤ 매우 그렇다

15. 그렇지 않다면, 그 이유는 무엇인가요?

   1순위 :   2순위 :

   ① 고용 불안   ② 낮은 급여   ③ 자기 계발의 부족   ④ 사회적 인식

   ⑤ 학생 충원 불안정 ⑥ 기타 (   )

Part3. 〈관계〉 (12문항)

*다음 문항을 읽고 해당하는 번호에 <u>하나만</u> ∨표 응답해주시기 바랍니다.

문항	약하다 ⟨-----------------⟩ 강하다
1 학교 설립자 및 교장과의 관계	① ② ③ ④ ⑤ ⑥ ⑦ ⑧ ⑨ ⑩
2 학부모와의 관계	① ② ③ ④ ⑤ ⑥ ⑦ ⑧ ⑨ ⑩
3 동료교사들과의 관계	① ② ③ ④ ⑤ ⑥ ⑦ ⑧ ⑨ ⑩
4 학생들과의 관계	① ② ③ ④ ⑤ ⑥ ⑦ ⑧ ⑨ ⑩

문항	전혀 그렇지 않다.	그렇지 않다.	보통이다	그렇다	매우 그렇다
5 나의 동료들은 어려운 업무를 수행할 때 서로 잘 도와준다.	①	②	③	④	⑤
6 나는 동료들과 업무 외적인 면에서도 마음이 잘 맞는다.	①	②	③	④	⑤

7	리더십(교장 등)은 나의 의견을 존중한다.	①	②	③	④	⑤
8	나는 직장 내에서 존경하는 리더십(교장 등)이 있다.	①	②	③	④	⑤
9	학생들은 나를 존중한다.	①	②	③	④	⑤
10	나는 학생들과 소통이 잘 이루어진다.	①	②	③	④	⑤
11	우리 학교 학부모들은 교사를 존중한다.	①	②	③	④	⑤
12	학부모와 부담 없이 학교교육이나 자녀교육에 관해 이야기할 수 있다.	①	②	③	④	⑤

Part4. 〈전문성/성장〉 (22문항)

〈현재 관심사〉

1. 선생님께서 현재 관심을 갖고 노력하시는 영역이 무엇인지 1순위~3순위를 적어주십시오.
   1순위가 가장 관심을 가지시는 영역입니다.

   1순위 :   2순위 :   3순위 :

   ① 교과지식 및 수업개선 활동   ② 효과적인 학급 운영   ③ 학생 특성 이해 및 학생지도
   ④ 공동체 내의 관계 형성 및 의사소통   ⑤ 동료교사 멘토링
   ⑥ 학교 교육과정 및 제도 개선   ⑦ 기타 (   )

*다음은 전문성 영역입니다. 기독교대안학교 교사인 선생님께서 현재 가지고 있다고 생각하는 정도(보유정도)와, 얼마나 중요하다고 생각하는지의 정도(중요도)를 각 문항별로 표시해 주십시오(양쪽 모두 체크).

	현재 보유정도					문항	중요도				
	전혀 할수 없다	별로 할수 없다	보통 이다	어느 정도 할수 있다	매우 잘할수 있다		전혀 중요 하지 않다	중요 하지 않다	보통 이다	어느 정도 중요 하다	매우 중요 하다
3	①	②	③	④	⑤	기독교세계관과 가치관을 교과내용에 연결한 수업 운영	①	②	③	④	⑤
4	①	②	③	④	⑤	학생의 특성과 발달, 이들의 학습방법에 대한 이해와 대처	①	②	③	④	⑤
5	①	②	③	④	⑤	학생에 대한 관심과 신뢰를 말과 행동으로 표현하며 효과적으로 소통 및 지도	①	②	③	④	⑤
6	①	②	③	④	⑤	갈등해결을 포함한 효과적인 학급운영 방법 이해 및 활용	①	②	③	④	⑤
7	①	②	③	④	⑤	동료교사와 원활한 소통, 공동작업 수행, 갈등해결 및 협력	①	②	③	④	⑤
8	①	②	③	④	⑤	교사로서 수행하는 각종 활동 기획 및 장단기 계획 수립	①	②	③	④	⑤
9	①	②	③	④	⑤	기독교사로서의 소명의식 및 정체성에 대한 지속적인 점검 및 유지 노력	①	②	③	④	⑤
10	①	②	③	④	⑤	자신의 역량과 수준을 점검하여 지속적인 자기계발 및 학습	①	②	③	④	⑤
11	①	②	③	④	⑤	국내외 교육환경 변화 및 교육 이슈 이해 및 활용	①	②	③	④	⑤

〈교사 전문성 계발 노력〉

12. 다음은 귀하가 전문성 계발을 위해 어떤 노력을 하고 계시는지 파악하고자 합니다. 각 항목별로 연간 횟수와 전문성 향상에 도움이 되는 정도를 표시해 주십시오.(두 가지 모두 체크)

문항	횟수	중요도				
		전혀 도움되지 않음	별로 도움되지 않음	보통이다	어느정도 도움된다	매우 도움된다
1) 동료 교사에게 수업 공개	연 ( ) 회	①	②	③	④	⑤
2) 동료 교사 수업 참관	연 ( ) 회	①	②	③	④	⑤
3) 수업 컨설팅 참여	연 ( ) 회	①	②	③	④	⑤
4) 학교의 교사 연구 모임 (학교 안 교사 학습 공동체) 참여	연 ( ) 회	①	②	③	④	⑤
5) 외부의 교사 연구 모임 (학교 밖 교사 학습 공동체) 참여	연 ( ) 회	①	②	③	④	⑤
6) 소속 학교 교사교육(자체 연수 프로그램) 참여	연 ( ) 회	①	②	③	④	⑤
7) 교사단체나 기관의 교사교육(심포지움, 워크샵) 참여	연 ( ) 회	①	②	③	④	⑤
8) 교사 재교육을 위한 학위과정 참여 여부 (O, X)	석사과정 ( ) 박사과정 ( )	①	②	③	④	⑤
9) 기타 ( )		①	②	③	④	⑤

〈교사 양성 및 재교육 시스템〉

*아래는 기독교대안학교 교사 양성 및 재교육 시스템, 그리고 학교 조직의 변화와 관련된 문항입니다. 다음 문항을 읽고 해당하는 번호에 표시해 주세요.

	문항	전혀 그렇지 않다.	그렇지 않다.	보통이다	그렇다	매우 그렇다
13	대안학교 교사가 되기 위해서 공교육에서 필요로 하는 교원자격증 (1정, 2정) 소지가 필요하다.	①	②	③	④	⑤
14	교직과정 또는 교,사대와 같은 공교육 교원양성과정의 경험이 대안학교 교원의 직무를 수행하는데 도움이 된다.	①	②	③	④	⑤
15	공교육에서 기간제 교사 또는 정교사 경험을 가지는 것이 대안학교 교육과정을 운영하는데 도움이 된다.	①	②	③	④	⑤
16	앞으로는 대안학교 교사를 제도권 내에서 별도로 양성할 필요가 있다.	①	②	③	④	⑤
17	대안학교 교사 자격증이 필요하다.	①	②	③	④	⑤
18	우리 학교는 교사의 성장을 위한 다양한 연수 프로그램에 참여하도록 지원하고 있다.	①	②	③	④	⑤
19	대안학교 교사들의 전문성 향상을 돕는 대학원 과정이 필요하다.	①	②	③	④	⑤
20	대안학교 교사의 전문성 향상을 돕는 재교육시스템은 충분한 편이다.	①	②	③	④	⑤

21. 선생님께서는 대안학교 교사 양성의 방식으로 가장 바람직한 방식은 무엇이라고 생각하십니까?

   1순위 :   2순위 :

   ① 현행 교직 내지는 교·사대 교육과정에 대안교육을 배울 수 있는 과목을 일부 포함

   ② 교·사대 교육과정에 대안교사 자격증 과정 신설

   ③ 대학원에 석사학위과정으로 대안교육 전공 운영

   ④ 대안학교 연맹체(연구소) 차원에서 자체적으로 공동 운영

   ⑤ 학교별로 대안학교 근무를 희망하는 예비교원 프로그램 운영 후 지원 자격 부여

   ⑥ 제도화는 필요 없고, 현행처럼 다양한 배경을 가진 교원을 선발하면 됨

   ⑦ 기타 (   )

22. 만약 대안학교 '교원양성 과정' 또는 '교원 재교육 프로그램'을 운영한다면 어떤 내용이 가장 중요하다고 생각하십니까?

   1순위 :   2순위 :   3순위 :

   ① 소명의식   ② 대안교육 철학   ③ 기독교 세계관   ④ 교육과정-수업-평가 전문성

   ⑤ 학급운영   ⑥ 생활지도 및 상담, 학생 이해   ⑦ 각종 대안 프로그램 운영 능력

   ⑧ 신앙과 영성   ⑨ 신학적 소양   ⑩ 기타 (   )

217

Part5. 〈스트레스/소진〉 (19문항)

*다음 문항을 읽고 해당하는 번호에 표시해 주세요.

	문항	전혀 그렇지 않다.	그렇지 않다.	보통이다	그렇다	매우 그렇다
1	현재 맡고 있는 업무는 나의 적성과 잘 맞지 않는다.	①	②	③	④	⑤
2	애매한 지시나 명령을 받고 일해야 하는 경우가 있다.	①	②	③	④	⑤
3	내 담당 업무가 아닌 일들을 수행해야 할 때가 있다.	①	②	③	④	⑤
4	한 사람이 하기에는 너무 많은 양의 업무를 담당하고 있다.	①	②	③	④	⑤
5	우리 기관의 의사결정 과정은 참여하기 어려운 구조이다.	①	②	③	④	⑤
6	나는 승진과 관련하여 정당한 평가를 받고 있지 않다.	①	②	③	④	⑤
7	우리 기관에서는 부서 이기주의가 만연해 있다.	①	②	③	④	⑤
8	일과 가정생활(육아활동 포함)을 동시에 해내는 것이 힘들다.	①	②	③	④	⑤
9	업무로 인해 여가활동을 즐길 시간이 부족하다.	①	②	③	④	⑤
10	업무량 때문에 자기개발을 제대로 하지 못하고 있다.	①	②	③	④	⑤

11. 학교생활에서 느끼는 가장 큰 스트레스 요인은 무엇입니까?

   ① 근무환경   ② 행정체계   ③ 인간관계(학생, 동료, 상사, 학부모)

   ④ 담당 업무   ⑤ 보상체계   ⑥ 지위인정

   ⑦ 개인 관련   ⑧ 기타 (   )

12. 학교 문제로 인한 스트레스 발생 시 주로 어떻게 대처하고 있습니까?

   ① 혼자 해결   ② 가족과 대화   ③ 친구와 대화

   ④ 리더(교장 등)와의 대화   ⑤ 동료와 대화

   ⑥ 기타 (   )

13. 학교생활로 인한 각 소진 영역의 소진 정도를 척도로 표시해 주세요.

문항		적다 〈----------------------〉 많다
1)	신체적 소진	① ② ③ ④ ⑤ ⑥ ⑦ ⑧ ⑨ ⑩
2)	심리, 정서적 소진	① ② ③ ④ ⑤ ⑥ ⑦ ⑧ ⑨ ⑩
3)	사회적 관계 소진	① ② ③ ④ ⑤ ⑥ ⑦ ⑧ ⑨ ⑩
4)	지적 소진	① ② ③ ④ ⑤ ⑥ ⑦ ⑧ ⑨ ⑩
5)	영적 소진	① ② ③ ④ ⑤ ⑥ ⑦ ⑧ ⑨ ⑩

14. 소진 원인에 따른 소진 정도를 척도로 표시해 주세요.

문항		적다 〈----------------------〉 많다
1)	교과 지도로 인한 소진	① ② ③ ④ ⑤ ⑥ ⑦ ⑧ ⑨ ⑩
2)	생활 지도로 인한 소진	① ② ③ ④ ⑤ ⑥ ⑦ ⑧ ⑨ ⑩
3)	행정 업무로 인한 소진	① ② ③ ④ ⑤ ⑥ ⑦ ⑧ ⑨ ⑩
4)	관계로 인한 소진	① ② ③ ④ ⑤ ⑥ ⑦ ⑧ ⑨ ⑩

*다음 문항을 읽고 해당하는 번호에 표시해 주세요.

	문항	전혀 그렇지 않다.	그렇지 않다.	보통이다	그렇다	매우 그렇다
15	이직에 대해 고민해 본 적이 있다.	①	②	③	④	⑤
16	이직을 시도해 본 적이 있다.	①	②	③	④	⑤

17. 이직을 고려하거나 시도하고자 하는 가장 큰 요인은 무엇입니까?

   ① 급여가 너무 적음   ② 근무지 환경이 좋지 못함

   ③ 일의 의미를 느끼지 못함   ④ 나의 성장이 보장되지 않음

⑤ 인간관계가 괴로움   ⑥ 직장 문화가 좋지 못함

⑦ 학교 형편이 좋지 못함   ⑧ 기타 (   )

⑥ 기타 (   )

18. 교사의 소진 및 스트레스를 회복시켜주는 학교 시스템에는 무엇이 있습니까?

    (해당되는 곳에 모두 응답)

      ① 물리적 휴식 보장 (안식월 또는 안식년, 휴일 및 저녁시간 쉼 보장 등 신체적 소진 보장)

      ② 심리 회복을 위한 멘토링, 상담 (심리, 정서적 소진 보장)

      ③ 사회적 관계 향상 활동 및 프로그램 (사회적 소진을 보충)

      ④ 전문성 향상을 위한 교수학습 지원 프로그램 (지적 소진을 보충)

      ⑤ 영성 개발 프로그램 (영적 소진을 보충)

      ⑥ 행정 업무량을 줄여주는 지원 시스템 및 인력 보강

      ⑦ 회복 시스템이 없음

      ⑧ 기타 (   )

19. 교사의 소진 및 스트레스를 회복시켜주는 시스템으로 가장 필요한 것은 무엇입니까?

      ① 물리적 휴식 보장 (안식월 또는 안식년, 휴일 및 저녁시간 쉼 보장 등 신체적 소진 보장)

      ② 심리 회복을 위한 멘토링, 상담 (심리, 정서적 소진 보장)

      ③ 사회적 관계 향상 활동 및 프로그램 (사회적 소진을 보충)

      ④ 전문성 향상을 위한 교수학습 지원 프로그램 (지적 소진을 보충)

      ⑤ 영성 개발 프로그램 (영적 소진을 보충)

      ⑥ 행정 업무량을 줄여주는 지원 시스템 및 인력 보강

      ⑦ 기타 (   )

〈기초 인적사항〉 (14문항)

1. 성별?
   ① 남자　　　　　② 여자

2. 연령?
   ① 20대　　　　② 30대　　　　③ 40대　　　　④ 50대
   ⑤ 60대 이상

3. 소속 학교급?(중복응답)
   ① 유치(초등 이전)　② 초등학교　　③ 중학교　　　④ 고등학교

4. 학교 유형?
   ① 특성화학교　　② 인가 대안학교　③ 미인가 대안학교　④ 기타

5. 학교 학생수?
   ① 50명 미만　　② 51-100명　　③ 101-150명　　④ 151명 이상

6. 학교 위치?
   ① 서울 특별시　　② 경기　　　　③ 인천 광역시　　④ 대전 광역시
   ⑤ 광주 광역시　　⑥ 울산 광역시　⑦ 부산 광역시　　⑧ 대구 광역시
   ⑨ 세종 특별자치시　⑩ 강원　　　⑪ 충청　　　　　⑬ 경상
   ⑭ 제주

7. 근무 형태?
   ① 풀타임 교사　　② 파트타임 교사

8. 전공과 현재 가르치는 과목의 일치 여부?
   ① 일치한다.　　② 일치하지 않는다.

9. 초등교사 혹은 중등교사 자격증 유무?

　　① 있다.　　　　　② 없다.

10. 교사 경력?

　　공교육 (　　)년 + 대안교육 (　　)년 = 총 (　　)년

11. 담임교사 여부

　　① 담당하고 있다.　　② 담당하고 있지 않다.

12. 신앙경력(교회출석)?

　　① 5년 미만　　② 6-10년　　③ 11-20년　　④ 21-30년

　　⑤ 31년 이상

13. 신앙생활(성숙도)?

　　① 그리스도를 알아가고 있다　　② 그리스도 안에서 성장하고 있다

　　③ 그리스도와 친밀하다　　④ 그리스도 중심의 삶을 산다

14. 교회가 설립한 학교의 경우, 교회 출석?

　　① 학교를 설립한 교회에 의무적으로 나가야 한다

　　② 교회 출석은 자유롭게 선택할 수 있다

　　③ 해당 사항 없다

나는 기독교대안학교 교사다

1판 1쇄 찍은 날 2020년 11월
1판 1쇄 펴낸 날 2020년 11월

기   획 기독교학교교육연구소
지 은 이 함영주, 김종훈, 이은실, 김성천
펴 낸 이 박상진
책임편집 원지은
펴 낸 곳 쉼이있는교육
출 판 사 등록번호 제 2020-000015호
　　　　　(04969) 서울특별시 광진구 아차산로78길 44 크레스코빌딩 308호
　　　　　02-6458-3456, edu4rest@daum.net
북디자인 스튜디오 플럼 sangury@gmail.com

잘못 만들어진 책은 쉼이있는교육 출판사에서 교환해 드립니다.

ISBN 979-11-969691-5-8
가격 15,000원

하나님의 교육이 가득한 세상
기독교학교교육연구소

기독교학교교육연구소는 교육의 본질과 방향을 제시하며, 현장의 필요에 응답하는 연구, 나눔과 성장이 있는 연수, 왜곡된 교육을 변혁하는 운동을 통해 하나님의 교육이 가득한 세상을 이루어갑니다. 이를 위해 기독교대안학교의 성장과 성숙, 기독교사립학교의 회복과 갱신, 공교육에 기독교적 대안 제시, 교육 회복의 주체인 기독학부모 세우기, 가정과 학교를 연계하는 교회교육의 모색 등의 사역을 감당하고 있습니다.